LETTRE OUVERTE AUX GENS DE 20 ANS A QUI L'ON MENT

Georges Suffert, 50 ans, marié et père de quatre enfants, dont trois majeurs. Après un quart de siècle de journalisme, il s'est retrouvé directeur adjoint de la rédaction de l'hebdomadaire « Le Point ». Il a publié depuis quelques années *Les Intellectuels en chaise longue, Le Cadavre de Dieu bouge encore*, et avec Pierre Chaunu, *La Peste blanche.* Georges Suffert n'écrit un livre que lorsqu'il a le sentiment qu'une idée reçue devient gigantesque comme un moulin à vent, et tente évidemment, sans succès, de pourfendre cet animal à longs bras.

GEORGES SUFFERT

Lettre ouverte aux gens de vingt ans à qui l'on ment

PRÉFACE INÉDITE

ALBIN MICHEL

PRÉFACE

L'été 1979 s'achève. D'immenses forêts ont brûlé dans le Midi de la France; un barrage a été emporté aux Indes; des hommes sont morts en mer d'Irlande tués par une hydre plus ancienne peut-être que la guerre civile : la tempête. Des millions de voitures grimpent à la queue leu leu comme des fourmis vers le nord de l'Hexagone. Ce sont les vacanciers de l'Europe qui retournent à leurs ateliers, à leurs bureaux, à leurs hivers. En apparence ils sont bruns, ils ont bonne mine. Ils n'ont manqué ni de soleil ni d'essence. Pourtant il suffit de parler avec quelques-uns d'entre eux pour prendre la mesure du changement de décennie qui se prépare. Les trente années d'expansion sont derrière nous. Chacun désormais sait que l'avenir sera difficile.

Car c'est bien cela qui taraude les cerveaux de nos contemporains; ils n'attendent pas l'apocalypse mais la panne. Panne de travail, panne d'électricité, panne de carburant et pourquoi pas toutes à la fois ?

Je relis ces pages écrites il y a moins de deux ans

et je m'interroge. Si j'avais à les rédiger aujourd'hui, que changerais-je ? A peu près rien. Peut-être adoucirais-je ma véhémence contre la politique : le château fort s'est révélé en carton-pâte. La passion idéologique qui semblait alors agiter les Français a été emportée d'un coup. Les convictions se sont évanouies avec les mots. Chacun s'est retrouvé chez lui avec ses petits bonheurs. Il a eu le temps d'observer plus attentivement le paysage planétaire, puisque les mirages français s'étaient évanouis. Et il a discerné de vraies menaces, de vrais obstacles; d'où l'inquiétude diffuse et le silence de la France. Cette fois elle ne s'ennuie pas; elle attend.

Peut-être aussi adoucirais-je les quelques critiques que je m'étais permis de faire aux gens de vingt ans. Là aussi l'évolution dans les têtes s'accélère. Il ne reste guère que les porte-voix des médias, toujours en retard d'un refrain pour pourfendre la civilisation dite de consommation. Je me souviens d'un déjeuner à l'Élysée avec quelques confrères à l'époque déjà lointaine où Georges Pompidou habitait le Palais. Nous l'attendions dans l'un des salons désormais disparu du rez-de-chaussée, en parlant de n'importe quoi. Soudain le Président arrive, serre quelques mains, prend un verre de whisky et ajoute de l'eau. Il nous demande ce qui nous préoccupe et quelqu'un lui parle – je ne sais plus pourquoi – des ventes de blé des États-Unis à l'Union soviétique. Georges Pompidou le regarde et laisse tomber ce mot incroyable en 1971 : « Ne vous y trompez pas. Ce qui nous attend c'est ce que l'humanité a toujours connu et que nous avons oublié : la pénurie. » Sur le moment les interlocuteurs du Président ont pensé qu'il s'agissait d'une boutade. Il voyait simplement un peu plus loin que nous.

Or cette menace, les gens qui ont vingt ans aujourd'hui, la connaissent fort bien. Ils avaient treize-quatorze ans au moment de la guerre du Kippour. Leur adolescence s'est déroulée à travers les premières secousses de la crise pétrolière. Ils ont vu se gonfler le chiffre des demandeurs d'emploi. Ils savent qu'il leur faudra trouver du travail puis gagner leur vie. L'époque des voyages à Khatmandou est révolue. Ceux qu'on appelait les marginaux ne fascinent plus guère que les anciens combattants de 1968. Avant peu le courage sera redevenu une vertu.

Or ce qui me frappe aujourd'hui lorsque j'écoute les débats des nouveaux citoyens français – nombre d'entre eux ont voté ou se sont abstenus pour la première fois lors des élections pour le Parlement européen –, c'est leur gaieté. Ils entrent dans un monde difficile, ils ont confiance dans leurs amis, ils s'entendent fort bien avec leurs parents et ils rient. Lorsque je les compare à leurs grands frères d'il y a dix ans, je suis stupéfait de la métamorphose. Les autres étaient véhéments, amers et tristes. Eux sont attentifs, aimables et gais. Comme si la prise de conscience des difficultés réveillait en eux des ressorts rouillés, stimulait leur imagination, leur donnait le sentiment qu'exister n'est pas une malédiction. Si le terme de « nouvelle vague » n'avait pas été utilisé à tort ou à travers pour désigner des générations qui toutes se ressemblaient parce qu'elles surgissaient dans un environnement mondial relativement stable, c'est aujourd'hui et pour la première fois depuis la guerre qu'il faudrait l'utiliser.

La guerre d'Algérie pour la France, la guerre du Vietnam pour les États-Unis avaient posé des problèmes redoutables à ceux qui les ont vécus. Mais l'une comme l'autre se déroulaient dans un climat de croissance qui semblait éternel. La fin de cette illusion est à la racine du nouvel état d'esprit que nous voyons apparaître aujourd'hui.

En somme, comme on dit, je persiste et signe pour l'essentiel. Si j'avais l'esprit tatillon je corrigerais un chiffre, un détail ici ou là. Le nombre des centrales nucléaires par exemple a bien dû augmenter d'une bonne centaine d'unités. Lorsque j'ai écrit ces lignes il n'y avait eu aucun accident. Il y en a eu un depuis; il a occupé la « une » des journaux pendant plusieurs semaines. Mais il n'a pas fait de victimes. Et malgré les défaillances humaines, les systèmes de sécurité ont eu le dernier mot. Nous continuons donc à pénétrer dans l'âge nucléaire avec crainte et tremblement. Mais la vague contestataire elle-même s'éteint : le monde industriel admet, sans trop oser le dire, que sa survie est pour le moment au prix d'un tel risque.

Bref, comme les compagnons de Christophe Colomb nous tentons de prendre pied sur un nouveau continent mental. Le débarquement demandera bien dix ans. Rien n'est gagné d'avance, rien non plus n'est perdu. Nous allons essayer d'aménager non seulement notre pays, mais aussi la vieille Europe, mais aussi la planète elle-même avec ses quatre milliards d'habitants qui seront près de six en l'an 2000. Nous voulions un nouveau monde. Le voilà.

G. SUFFERT,
août 1979.

« A cette époque, un garçon de vingt ans n'était pas le moins du monde humilié d'avouer qu'il était heureux. »

Alexandre DUMAS, *Ascanio.*

A Agnès qui, de son kibboutz regarde la Galilée ;

A Manu qui, de sa machine, regarde le Rhône ;

A Bibiche qui danse sur ses lettres en faisant des grimaces ;

Pour Ionion qui, déjà, apprivoise les notes et les jules ;

Martiens directs.

A Popof, Nanard, Mimi, Phiphi, Olivier, Françoise, P'tit Pierre et Sab ;

Martiens collatéraux.

A p'tit chef, Aneton, Mimi d'Afghanistan, Ourson, le Rital, Chilum, Pascale, Patrick, Séverine, Plume, P'tits seins, Gros seins et Boubou ;

Martiens en rab.

A Courlie et Nabuchodonosor, vrais Martiens camouflés en chat et tortue.

A tous, qui n'arrêtez pas de me faire rigoler.

Justification hypocrite du présent opuscule

— POURQUOI refusez-vous de répondre à mes questions ?

Il a dit ça d'une voix douce, mon gentil inconnu. Posé dans le fauteuil des visiteurs, de l'autre côté de ce qui me servait de bureau, les traits de son visage à la fois timides et obstinés, il ne cherchait manifestement pas à m'agresser. Il attendait tout simplement que je lui parle. J'avais le sentiment obscur de n'avoir rien à lui dire ; plus précisément, de n'avoir aucune possibilité de lui transmettre la part de vérité accumulée dans le tréfonds de ma conscience après un demi-siècle d'une existence banale.

Après tout j'avais des excuses. Nous étions à quarante-huit heures de Noël ; or j'adore Noël. C'est une faute de goût. Les gens intelligents et délicats détestent cette période de l'année généralement dépourvue de neige, mais dégoulinante d'eau, de lumière, de conventions, d'alcool et de cadeaux. Il est de bon ton de cracher sur cet ensemble de sentiments et de gestes douceâtres.

D'ailleurs Nietzsche n'aimait pas Noël. C'est suffisant, non?

Personnellement je me fous de Nietzsche et des opinions majoritaires. J'aime le foie gras, les jouets, l'alcool et les cadeaux. Quelque chose au fond de moi tressaille à l'idée que désormais les jours vont courir derrière les nuits et finir par les dépasser, qu'il ne reste plus à franchir que ce double ravin de gel et de brouillard qui se nomme janvier et février pour atteindre la rive enchanteresse où s'épanouissent les crocus de l'espoir.

Bref, ce jeune homme m'empêchait d'aller comme tout le monde faire ma petite collecte de cadeaux inutiles. Plus gravement, il semblait souhaiter que je lui parle de l'essentiel. Or l'essentiel est indicible. C'est même une de ses caractéristiques. Obscurément je me souvenais de ce que j'étais à son âge : mes rencontres fugitives et maladroites avec quelques-unes des grandes consciences de l'époque. Cela n'avait pas donné grand-chose. Encore était-ce l'époque où il existait ce que l'on appelait alors des grandes consciences : gourous existentialistes de l'époque post-libératoire, ils se dressaient devant nous auréolés par les prestiges conjoints de la Résistance qu'ils avaient faite et de la révolution qu'ils ne feraient pas. Ma génération buvait leurs paroles comme le nomade l'eau claire des oasis.

Il n'y avait plus de Résistance, plus de révolution, plus de grandes consciences. J'avais davantage de questions à poser à mon interlocuteur que de réponses à lui fournir. Chaque jour je lisais dans les journaux, les revues, chaque matin j'entendais à la radio, chaque soir, j'observais devant mon petit écran aussi multicolore que le sapin qui m'attendait chez moi, que la vérité de demain reposait immaculée dans la tête des gens de vingt ans. Bref, j'avais le sentiment de n'avoir rien à dire, de ne pouvoir rien dire, de n'avoir rien le droit de dire et bizarrement ce sentiment me procurait une profonde satisfaction. Il y a une vertu du laconisme, une préciosité du silence, une sagesse instinctive dans le refus de s'exprimer dont les Grecs n'ignoraient rien : à première vue Socrate était un malin qui s'arrangeait toujours pour ne rien affirmer, pour se tirer d'affaire en laissant ses disciples découvrir ce qu'il s'était bien gardé de leur révéler. En vérité il était bien davantage, il annonçait quelque chose d'immense. Qui le savait ?

Mais voilà. Le petit jeune homme ce jour-là n'était pas pressé. Il s'en était venu avec toute une série de questions dans la tête, qu'il était bien décidé à me sortir les unes après les autres. Il m'avait prévenu qu'il n'était pas là en quête d'une interview, d'un entretien à fin littéraire ou radiophonique, qu'il voulait simplement écouter un quinquagénaire. J'ignorais alors qu'il n'était que le premier d'une longue série d'examinateurs de son âge qui allaient se succéder, sans s'être le moins du monde donné le mot, en face de moi. Pour tenter d'échapper au piège que ce Père Noël de vingt ans disposait gentiment sous mes pieds, je tentais une ultime manœuvre en forme de discours à la fois préliminaire et conclusif.

— Franchement vous me posez des questions un peu trop difficiles. Bien entendu et comme tout le monde je peux vous fournir une série de réponses. Mais ce sont des réponses d'une extrême banalité. Vous êtes suffisamment intelligent et informé pour les imaginer sans mon aide. D'autre part, je suis comme tout le monde convaincu que le monde change vite. Je crois à toute une série de choses qui n'ont probablement pas grande signification pour vous. Bref notre dialogue — comme on dit maintenant — débouchera inévitablement sur une série de malentendus. L'univers dans lequel nous sommes a plus changé en trente ans qu'en cinq siècles, affirment les bons esprits d'aujourd'hui. Je ne suis pas absolument convaincu qu'ils aient raison. L'animal à deux pattes dont vous et moi sommes les héritiers est programmé au niveau de ses gènes et de ses chromosomes depuis quelques millions d'années. Les fusées spatiales, les antibiotiques et le Coca-Cola ne modifient peut-être pas substantiellement l'espèce. Mais voyez : je commence déjà à parler comme un conservateur. Et je suis fatigué de me promener avec cette étiquette sur le front. Ce qui me paraît certain c'est que vous êtes une génération de Martiens. Vous êtes tombés sur cette planète au lendemain des temps historiques dominés par la grandeur des princes et l'implacable cruauté des guerres. La pénurie — cette vieille compagne de l'espèce humaine —, vous ne l'avez jamais connue. Vous pressentez simplement qu'elle n'a peut-être pas disparu à jamais. Bref, vous êtes plus fragiles que nous ne l'étions, mais vous êtes bien plus libres qu'aucune génération avant la vôtre ne le fut jamais. Donc je risque, en vous expliquant ce que je crois, et dont je ne suis pas sûr, de vous livrer quelques frayeurs inutiles, de vous ennuyer avec mes contes du temps jadis, de vous gêner dans la tentative admirable qui est dès maintenant la vôtre : imaginer une nouvelle manière d'exister. Quelqu'un a dit cela bien mieux que moi, il y a déjà pas mal de temps : « Laissez les morts enterrer les morts. »

J'avoue que ma tirade n'avait pas grand sens. Elle était solennelle et creuse comme toutes les fins de conversations. Mais enfin, j'étais talonné par l'envie d'aller me livrer au plaisir du shopping. Malheureusement le petit jeune homme avait l'élocution facile. Il dit :

— Je respecte infiniment vos scrupules mais je les considère comme sans fondement. D'abord vous n'êtes pas encore mort. J'ai vingt ans, vous en avez cinquante. Si vous évitez le cancer, la crise cardiaque et l'accident d'automobile, il vous reste d'après les démographes une douzaine d'années à passer encore parmi nous. Je me permets de vous faire remarquer tout ce qu'a de ridicule le discours concernant l'incompréhension entre les générations. Non pas qu'il soit totalement faux. Vous avez une certaine expérience et j'en ai une autre. Mais là n'est pas l'essentiel. L'essentiel c'est que nous sommes ensemble pendant quelque temps sur le même vaisseau qui s'appelle d'ailleurs la Terre. A l'échelle de l'histoire qui, dois-je vous le rappeler, ne calcule pas en décennies, même pas toujours en siècles, mais bien plus souvent en millénaires, nous sommes tout simplement des contemporains. La meilleure preuve c'est que nous sommes l'un en face de l'autre.

Or ce qui me frappe lorsque je me trouve en face de gens de votre âge, c'est leur gêne. Je vais vous donner un exemple. Je sais que votre génération a entendu durant toute son enfance ses pères lui conter les délices et les horreurs de la boucherie 14-18. Au point que vous vous fermiez les oreilles pour ne plus entendre parler de la Marne et du Chemin des Dames. Soit. Mais vous vous êtes comportés vis-à-vis de nous exactement de la manière inverse. J'ai toujours été frappé par le fait que vous ne racontiez pas l'Occupation et la Résistance. Nous avons vaguement pressenti le caractère bizarre de cette tranche d'histoire à travers *Les Dossiers de l'écran,* les films résistancialistes des années 60, les films antirésistancialistes des années 70. Bref, nous n'avons rien compris. C'est un exemple. Je pourrais vous en donner dix autres. En voulez-vous un supplémentaire et de taille ? Lorsque Soljénitsyne est tombé sur l'Occident comme un éclair, lorsque nous avons vu sa tête en plein milieu de l'écran de télévision, nous sommes restés littéralement stupéfaits. Nous ne savions rien de tout ça. Nous ignorions entièrement le Goulag. Nous avons interrogé nos parents ; or ils savaient. C'est à partir de cet instant que je me suis posé des questions et que j'ai plongé dans le passé. J'ai découvert Koestler, j'ai lu *Le Zéro et l'Infini* que vous aviez tous absorbé il y a un quart de siècle, j'ai découvert qu'il y avait eu avant guerre des procès à Moscou, etc. Là encore vous avez choisi de vous taire pour des raisons qui continuent de me paraître mystérieuses. Vous nous traitez de Martiens, et ce n'est peut-être pas faux. Nous vous considérons comme des Lunaires, et je vous demande d'y réfléchir. Peut-être serait-il temps que nous devenions tous ensemble des Terriens. Je ne m'engage pas à absorber les réponses que vous voudrez bien me faire sans les passer au crible de ma propre raison. Mais enfin je ne vois pas de quel droit vous choisissez le silence. A moins qu'il ne s'agisse d'une ultime lâcheté.

J'étais bien embêté. Il y avait du vrai dans les propos de mon petit Père Noël. Je déposai délicatement mes pieds sur le bureau, ce qui constitue ma position favorite lorsque je ne sais trop quoi répondre ou comment attaquer un article. Et je tentais une dernière esquive :

— Si nous vous avions rabâché notre histoire, elle vous aurait ennuyés. Elle ne vous paraît précieuse que parce que vous l'avez découverte vous-mêmes. Mais le problème important n'est pas exactement celui que vous venez d'aborder. Ce que vous nous demandez, finalement, c'est comment vivre. Et sur ce point la vérité m'oblige à dire que nous n'en savons rien. J'irai même jusqu'à prétendre que c'est une question que nous ne nous sommes jamais réellement posée. Pour une raison très simple : la plupart des valeurs que vous avez remises en question, nous les avons découvertes parce qu'elles nous avaient été ôtées. Voulez-vous des exemples ? La liberté, ce joli mot que l'on met aujourd'hui à toutes les sauces et qui du coup n'a plus grand sens. Eh bien, lorsque entre 40 et 44 sur les murs de Paris nous assistions à l'éclosion des affiches jaunes et noires énumérant les noms des hommes que les nazis avaient fusillés, la veille, nous n'avions pas besoin de nous interroger sur le sens du mot. La liberté existerait lorsqu'il n'y aurait plus d'affiches, lorsque chacun pourrait en gros écrire et dire ce qui lui semblait vrai.

La patrie, cette vieille lune qui ne vous fait même plus sourire, nous l'avons découverte parce qu'elle avait été rayée de la carte du monde en deux mois exceptionnels — mai-juin 40 — que nous ne pourrons jamais arracher de notre mémoire.

Le bonheur — vous l'avez bizarrement baptisé du terme de qualité de la vie, ce qui entre nous est bien moins joli —, c'était toute une série de rêves minuscules : comment vous faire comprendre que pendant quatre ans je me suis demandé quel goût avait un croissant ? J'ai bien dit un croissant. Je me souvenais vaguement de leur forme, mais je n'arrivais pas à reconstituer leur saveur. Je me souviens de mon premier croissant, en 1945 je pense.

Si vous me faites remarquer que je ressasse des histoires d'un autre monde, je m'arrêterai aussitôt. Vous m'aurez envoyé au silence. Je suis conscient de ce que l'expérience que je vous relate avait d'exceptionnel. Mais je n'y peux rien. Avant d'être des idées, ce que vous nommez des valeurs était pour nous des réalités qu'on nous avaient arrachées. Il y a quelques mois deux journalistes français pleins de fougue interrogeaient à la télévision le directeur du nouvel hebdomadaire espagnol *Cambio 16*. Et ils lui demandaient ce qu'était pour lui la liberté. Il a éclaté de rire. La question lui paraissait comique. Il se sentait totalement incapable de présenter une définition, d'entamer une discussion philosophique. Il savait simplement que sa vie avait changé. Plus de trente millions d'Espagnols auraient ce soir-là réagi comme lui. La liberté ne se définit pas : elle est ou elle n'est pas.

Bref, nous ne nous sommes jamais demandé si la vie était bonne ou mauvaise. Nous l'avons accueillie à travers la Libération comme la grâce absolue. Et nous avons vécu. D'où le malentendu fondamental avec votre génération : vous nous posiez des questions vraies et légitimes dont nous nous étions moqués comme d'une guigne. Nous n'avions rien à répondre.

Je venais sans m'en rendre compte de commettre l'erreur fatale. Car justement, j'avais livré à mon petit Père Noël l'une des clefs de notre obstination. Il n'en demandait pas davantage. Simplement que je veuille bien tout haut ou par écrit lui expliquer comment nous nous y étions pris pour vivre près de trente ans à partir de cette expérience fugitive de la défaite et de l'occupation. Il ne voulait pas un récit. L'histoire, il la connaissait désormais par cœur. Il voulait savoir tout simplement comment chaque matin nous nous en tirions pour nous lever, aller travailler, manger, revenir, faire des enfants, voter, prier Dieu ou déclarer qu'il n'existe pas. Ce n'était pas une si mauvaise série de questions. Il me fallait donc écrire aux gens de vingt ans à qui il est désormais d'usage de mentir ; j'allais devoir leur expliquer pourquoi les quinquagénaires avaient été un peu lâches ; et pourquoi (à mon avis) les jeunes gens étaient à la fois gentils et naïfs ; que le bonheur pourtant était à portée de leurs mains ; que la politique dont on leur serinait les oreilles n'était pas une obligation de l'esprit et l'amour autre chose que la rencontre fugitive de deux égoïsmes désinvoltes.

Bref, j'allais décrire vaguement le petit paysage de mes certitudes menacées. Pour servir à quelques-uns de ceux qui déjà s'avancent.

I

De la lâcheté de ceux qu'on appelle adultes

QUADRAGÉNAIRES, quinquagénaires, sexagénaires, mes sœurs et mes frères, vous n'êtes pas beaux. Je ne parle pas ici de vos aspects physiques. La chair est triste hélas ! vous n'avez pas lu tous les livres, personne ne songe à vous le reprocher, il y en a trop et vous manquez de temps. En somme, vous vieillissez et il n'y a pas de quoi en faire une histoire. Parce que de Gaulle a eu la malencontreuse idée de raconter un beau matin que la vieillesse est un naufrage, vous faites tous des gueules de passagers du *Titanic* en train de chanter *Ce n'est qu'un au revoir*. Contrairement aux bavardages à la mode, il est moins difficile qu'on ne l'affirme d'être jeune. C'est d'ailleurs une grâce qui ne dure pas. J'ai tendance à mesurer la qualité d'un homme à la manière dont il vieillit. Donc débrouillez-vous avec vos rides, vos ventres, et vos craintes coronariennes. Découvrez s'il en est encore temps que chacun d'entre nous est en agonie depuis qu'il est sorti du ventre de sa mère. Et que la dignité d'un homme se mesure très exactement à la manière dont il conduit justement cette agonie.

Bref, personne ne vous reproche de vieillir. Ce qui me semble au contraire insupportable c'est votre prétention à camoufler votre vieillissement. Vous me rétorquerez que vous ne manquez pas d'excuses : vous baignez dans un univers qui feint de glorifier la jeunesse et fait mine de la croire éternelle. La publicité vous serine à longueur de spots qu'à condition de vous faire tirer la peau, masser, replanter les cheveux, faire de la gymnastique, vous arrêter de fumer, travailler moins, ne pas vous mettre en colère et faire l'amour modérément mais avec continuité, vous atteindrez votre quatre-vingtième année en ayant gardé intacts les traits aimables que vous aviez à vingt ans.

Bien entendu vous n'en croyez pas un mot. Mais à tout hasard, vous luttez avec acharnement et je ne vois aucune raison de vous le reprocher. Finalement à chaque âge, les hommes et les femmes ont plus ou moins la gueule qu'ils méritent. Elle dépend moins de leur allure physique que de leur regard. C'est lui qui exprime la seule richesse que le temps ne peut entamer : une vitalité intérieure, une extrême curiosité vis-à-vis de tout ce qui existe, un instinct mystérieux pour ce qui éternellement renaît.

Il faut bien admettre qu'en ce domaine un certain nombre d'entre vous se sont laissés aller. Ils trimbalent au fil des saisons, des années, et des décennies une admirable capacité d'ennui. Certes la vie n'est pas toujours commode. Entre leur profil de carrière, leurs chefs de bureau, leurs femmes, leurs maîtresses, leurs maris, leurs amants, leurs enfants, leurs démêlés avec la Sécurité sociale et avec leurs percepteurs, les vacances à organiser et la 304 en panne, ils ont quelques difficultés à distinguer l'essentiel de l'accessoire.

Frères, je ne fais pas le malin, je suis exactement dans la même situation que vous et il m'arrive bien souvent d'avoir un immense respect pour les westerns médiocres que me délivre quatre soirs par semaine sur sept l'admirable objet qu'est la télévision : c'est ma petite drogue, je n'en ai pas honte, il faut bien de temps en temps se délasser l'esprit avec ce qui vous tombe sous la main. Pourquoi pas les Comanches ?

Dans cette espèce de taie sur nos regards, cette ombre qui progressivement dissimule notre bien le plus précieux, l'esprit d'enfance, la naïveté, le goût de la blague, l'envie de jouer à saute-mouton est compréhensible. Remarquons au passage qu'il existe un remède presque infaillible pour surmonter cette lente défaillance du cœur : le refus de se prendre au sérieux. C'est à la portée de toutes les bourses, c'est, avec l'aspirine et le bismuth, l'un des seuls médicaments indispensables pour se trimbaler allégrement sur ce long pèlerinage qui va de notre naissance, cette éternelle colline de Vézelay, à notre mort, cette Jérusalem dont nous ne sommes finalement séparés que par la Méditerranée, prise dans le sens de la longueur.

Bref, mes frères, il n'y a pas honte à vieillir. Mais il n'est pas sérieux de faire semblant d'être jeune. Et là, je dois avouer que depuis une dizaine d'années, vous vous êtes littéralement surpassés. Quoi qu'on en dise, vous ne vous êtes pas, durant la guerre, courbés devant les Allemands. Bien sûr, vous avez en 1940 écouté le maréchal Pétain. Le moyen de faire autrement. Bien sûr, vous avez fait du marché noir : le moyen de manger autrement? Bien sûr, vous n'êtes pas devenus gaullistes durant l'hiver 40 : les bureaux de recrutements pour ce parti-là n'avaient pas pignon sur rue. Mais enfin vous avez fait comme vous avez pu. Vous avez commencé par marcher sur le bord du trottoir en refusant d'aller vers le mur ou de descendre sur la chaussée lorsqu'un officier allemand arrivait en face de vous. Ce n'était pas très héroïque, mais c'était une idée comme une autre. Les historiens s'apercevront peut-être un jour que la Résistance, *au niveau des masses,* comme dit le P.C., a commencé de cette façon. La valeur militaire était nulle, mais la résolution intérieure prenait forme. Et la victoire appartient, comme l'a fort bien dit Malraux, à ceux qui font la guerre sans l'aimer.

Donc vous ne vous êtes pas inclinés devant les Allemands. Mais vous vous êtes littéralement couchés devant vos enfants. Pourtant ce n'était pas une armée d'occupation étrangère. Certes la pilule n'existait pas. Mais vous n'étiez pas si naïfs. En gros, vous saviez convenablement programmer vos naissances. Bref vos enfants, ces Martiens, ont envahi la planète parce que vous les avez appelés. Ils étaient d'ailleurs nombreux et bien portants. Vous leur avez appris à marcher, vous les avez conduits à l'école et vous les avez regardés grandir. De temps à autre, vous poussiez un coup de gueule parce que les appréciations de leur professeur étaient franchement médiocres, vous leur avez rappelé que s'ils ne travaillaient pas, ils n'entreraient pas à l'E.N.A. ou à Polytechnique; ils s'en moquaient éperdument et filaient retrouver leurs copains, le soir venu, pour écouter les disques d'une musique qui vous laissait littéralement pantois.

Tout cela était bel et bon. A la condition toutefois de demeurer attentif. Les gosses ne poussent pas tout à fait comme des salades. Il ne suffit pas de les arroser pour qu'ils grandissent. D'autant plus que, dès le départ, vous avez commencé à accumuler les sottises.

La première : copain-copain. Dame! Vous étiez d'un esprit moderne. Vous n'alliez pas retomber dans les errements de vos propres parents : rigidité, distance, impératifs catégoriques, etc. Les chers petits, affirmiez-vous, avaient besoin de liberté et d'épanouissement. Il ne fallait surtout pas les contrarier. M. Freud — ou tout au moins ce que l'on croyait connaître de lui — était entré en force dans notre univers mental. Papa et maman regardaient grandir leur progéniture, en ne quittant pas des yeux le fameux Œdipe, cette ligne bleue des Vosges de l'éducation, modèle 50-60. Le genre de gaffe qui laisse des traces.

Pourquoi une gaffe? M. Freud n'avait pas tort, même si la plupart de ses disciples allaient accumuler les sottises et si ses dévots sombraient dans la stupidité. Il n'était pas question de revenir en arrière, pas question d'ignorer ce qu'il nous avait appris, pas question d'éduquer les enfants à la manière des pères jésuites de l'ancien monde. De rudes gaillards, ceux-là, soit dit en passant; ils ne connaissaient pas la psychanalyse mais ils avaient bricolé, derrière les douves de leurs collèges, des séries de trucs pédagogiques relativement géniaux. Le gamin sortait à dix-huit ans de chez les bons pères, ayant ou n'ayant plus la foi —

bizarrement le phénomène semblait laisser les révérends pères indifférents — mais parfaitement doué pour installer des chemins de fer en Amazonie, conquérir le Tonkin, ou devenir directeur du Budget.

Il était donc parfaitement sain de dégringoler l'ancien système. A la seule condition d'en inventer un autre à la place. Ce détail bien entendu ne fut pas perçu. Les parents se gardaient de donner la moindre consigne de peur de déclencher la douloureuse révolte de l'adolescence, les professeurs avec un train de retard s'alignaient sur les parents et commençaient à penser que, pour bien enseigner, il ne faut rien apprendre aux chers petits; enfin les maîtres des universités réfugiés dans leur chaire comme dans des donjons, continuaient imperturbables à exposer les mystères de la Renaissance à des jeunes gens qui ne se passionnaient plus guère que pour les motos de compétition, la pratique du stop en direction du Népal et les distinctions byzantines entre drogues mineures et drogues majeures.

Bien entendu, je caricature. Sous cette houle apparente, la vieille France des profondeurs, conservatrice en diable, gardait ses préoccupations traditionnelles, le commerçant de Brive-la-Gaillarde précisait à son fils que la boutique n'était pas éternelle et qu'avec l'arrivée des grandes surfaces il était essentiel que le jeune homme trouve au plus vite un poste dans l'administration. Le seul endroit où, comme l'a fort bien vu Giraudoux, existent simultanément la possibilité d'être poète et la sécurité de l'emploi, la révolution comme mythe et la monotonie des jours comme réalité.

Les fils de paysans déportés vers la ville décrochaient au plus vite les C.A.P. indispensables pour trouver un emploi dans l'usine la plus proche. La secousse atteignait essentiellement à première vue ce que l'on a coutume d'appeler bourgeoisie; mais les professeurs, quoi qu'ils en disent, sont des bourgeois et par onde concentrique, progressivement la maladie finissait par atteindre toute la France.

Copain-copain. Un beau matin, bien entendu, cette petite démission de l'esprit vous a explosé à la figure. Oh ! Ce ne fut pas la bombe atomique; votre fils ne vous a pas déclaré d'une voix forte et à partir d'une série de propositions marxo-freudiennes, que vous étiez un con, ou plus précisément un vieux con; votre fille ne vous a pas exposé en détail à quel point vous étiez responsable de l'échec de sa première expérience sexuelle qui s'était déroulée durant les dernières vacances à Arcachon: non. Ce fut plus insidieux, moins net. Simplement un jour vous vous êtes aperçus que le copain ou la copine étaient là, devant vous, leurs quinze ou dix-sept ans dans les yeux, leurs bras qui n'en finissaient pas et leurs silhouettes vaguement ennuyées. A cette époque-là vous pensiez encore les connaître. Et il est parfaitement vrai que vous les aviez régulièrement croisés chaque jour, en général à l'heure où la nuit descend sur la ville comme un brouillard noir. Ils se débrouillaient comme ils pouvaient avec la théorie des ensembles, une dissertation sur un texte de Boris Vian ou sur une citation fraîchement détachée de l'éditorial du *Monde*.

Lorsque vous étiez informés de ces phénomènes qui vous semblaient tout à la fois intéressants et bizarres, vous vous gardiez comme la peste d'avoir l'air surpris. Tout plutôt que paraître dépassé.

Le mot est dit. Acceptez, quinquagénaires, quadragénaires, mes frères, que nous fassions ici, tous ensemble, pieusement, copieusement comme disait l'autre, une minute de silence. L'instant ne manque pas en effet d'une certaine solennité, puisque je viens de nommer la crainte, que dis-je, la trouille qui allait faire de vous non plus des personnes mais des personnages, non plus des pères ou des mères mais des ectoplasmes pataudls, non plus des hommes et des femmes mais ce qu'il me faut bien appeler des larves.

(Ici la minute de silence.)

Merci, couvrez-vous, je vous en prie. Novembre est froid et humide cette année et vous vivez déjà le novembre de votre vie dans une civilisation qui, dit-on, patauge dans le novembre de son histoire. Donc pas d'imprudences. Vous ne comprenez pas la raison de cette minute de silence ? La description que je commençais de faire des rapports nocturnes, réguliers et énigmatiques, existant entre votre progéniture et vous ne vous a pas mis la puce à l'oreille ? Lorsque a filé sous ma plume le mot que j'essayais de retenir pour en faire le centre d'un joli bouquet un peu plus loin dans mon raisonnement, l'expression « avoir peur d'être dépassé », ça n'a pas fait tilt dans ce qui vous sert de tête ? Non ? Rien ? Toujours rien ? Bon Dieu ! Ça ne va pas être commode. Avec les gosses, à partir du prochain chapitre, je m'en tirerai sans trop de difficultés. Je le sais d'avance parce que je l'ai expérimenté cent fois. Avec eux il suffit d'avancer sans crainte, d'ignorer la peur : non pas la peur physique dont tout le monde nous rebat les oreilles ; il y a des drogues pour cela et des médecins pour délivrer des ordonnances ; mais la peur morale et intellectuelle, celle qui ravage la conscience des quelque huit cents millions de paroissiens de l'Occident ex-chrétien, celle qui tord les tripes des habitants de l'univers doux-méchant-dingue dans lequel nous sommes tombés. Donc tout à l'heure, avec les petits, je m'en tirerai très bien.

Mais avec mes conscrits ou apparentés, ça va être une autre histoire. Reprenons. Je disais donc que le malentendu entre les parents et les enfants s'était d'abord enraciné dans un sentiment simple et relativement incompréhensible : la peur qui, à un moment donné de la trajectoire familiale et collective, allait faire des parents des êtres mineurs. Cette crainte je l'ai dit, je le répète, n'était fondée sur rien. Même pas sur un sentiment de culpabilité.

Au départ je constate simplement l'existence d'une attitude quelque peu snobisante : on veut avoir l'air au courant. Au courant de quoi ? De tout. Celui qui n'est pas au courant, celui qui n'a pas l'air au courant est un niais, un demeuré, une ganache, un individu qui n'est plus dans le coup, plus dans le vent. Tout ce qui est vivant est dans le vent. *A contrario* ce qui n'est pas dans le vent appartient déjà au royaume des morts. Donc, accepter de n'avoir plus l'air dans le vent, c'est reconnaître que l'on est déjà un cadavre. Bien entendu il s'agissait là d'un superbe arnaque. Mais l'époque est comme cela, piquetée de trappillons, de lacets, de fils de fer intellectuels. Ceux qui se précipitent au galop dans cette futaie sans regarder où ils mettent les pieds se retrouvent immanquablement cul par-dessus tête.

Car qu'est-ce qu'on ne ferait pas pour rester vivant ! Frères, souvenez-vous ! Nous avions justement entre dix et dix-sept ans, lorsque nous avons découvert jusqu'à quel point de bassesse pouvaient dégringoler des millions d'hommes assemblés qui ne voulaient pas mourir. L'exode. Il dégoulinait le long des routes sur la face printanière de la France comme des gouttes de sueur sur un visage crispé. Les uns et les autres, nous avons participé à cette cohue sans précédent dans notre histoire millénaire, avec un peu plus que de l'ahurissement. Nous n'avons pas fini de nous demander le nom de la digue qui a craqué alors, quelque part au tréfonds de l'inconscient français. Mais une seule chose nous a semblé alors évidente : parmi les sentiments multiples qui poussaient direction nord-sud cette masse d'hommes, de femmes et d'enfants, il y avait une volonté acharnée et somme toute respectable de survie. Aucune envie d'être transformé en cadavre. Moyennant quoi le peuple français ce printemps-là choisit de se livrer au plaisir de la marche à pied.

Aux alentours des années 60 il ne s'agissait tout de même pas de la même mort. Tout au plus de décès théoriques. Il y avait paraît-il d'un côté les vivants — les jeunes bien sûr. (En avant les jeunes ! bravo les jeunes !) Puis ceux qui se déclaraient avec les jeunes, qui faisaient queue dans les bureaux de recrutement pour prendre leur carte de jeunes éternels, ceux qui étaient décidés à trouver admirable tout ce qui avait le label de la nouveauté.

De l'autre, les laissés-pour-compte, les grincheux, les vieillards avant l'âge, que dis-je! les accusateurs, les tortionnaires, les fachos qui, au nom de principes d'une autre époque, cherchaient à empêcher l'irrésistible ascension d'une nouvelle génération, d'une nouvelle manière de vivre, bref d'un nouveau monde. Ma doué! quel spectacle! quelle panique! puisque le monde se divisait en pro-jeunes et anti-jeunes, personne bien entendu ne revendiquait l'appartenance au second groupe. Et puisque l'adhésion à la jeunesse était une jouvence, une potion magique permettant *non seulement d'appartenir au parti jeune mais d'être jeune soi-même,* il y eut une bousculade historique sans précédent. On partait vers la jeunesse comme vers les Clubs Méditerranée. D'ailleurs le Club était l'image même du paradis vers lequel n'allait pas manquer de nous conduire «la mimine dans la mimine» le socialisme aux couleurs de la chose.

Double difficulté. La première du côté de cette admirable jeunesse. On se bousculait. Allez donc retrouver vos copains au milieu d'une immense cohue. Les cheveux longs? Mais les quinquagénaires se les étaient fait pousser. Ceux qui, tout au moins, avaient la chance de pouvoir. Ça leur dégoulinait dans le cou. Le jean? Faites excuse : il n'y a pas d'âge. Ça englobe tous les derrières. Les fabricants n'y trouvent rien à redire. Le jean d'un seul coup se mit à envelopper presque toutes les générations vivantes. La manière de ne pas se sentir jeune en remontant la fermeture Éclair de son pantalon. D'autant plus que tout le monde faisait le même geste : filles, garçons, femmes, hommes. Vous voyez où je veux en venir : un seul sexe. Le jean et la jeunesse venaient d'abolir cette distinction somme toute mineure qui avait pourtant joué un certain rôle dans l'histoire humaine depuis quelque soixante millions d'années. Nous y reviendrons.

Vous me ferez remarquer que, disant cela, je me révèle vraiment pour ce que je suis, c'est-à-dire un vieux. Après tout cette égalisation par le textile, cette uniformisation des sexes et cette suppression des âges constituaient bel et bien une espèce de révolution. Qu'est-ce que j'aurais préféré? Le retour au gilet et au canotier pour les hommes, les corsages bouffants et les crinolines pour les dames? Pourquoi pas le caleçon long et la guêpière? Non, non. Je ne demandais pas cela. Je ne demandais d'ailleurs rigoureusement rien. Je fais d'ailleurs remarquer que je ne suis pas très sûr que le gilet et les crinolines ne sont pas sur le point de réapparaître à travers l'un des avatars de la mode rétro. Mais ce n'est pas de cela qu'il s'agit. Si j'avais vraiment eu le sentiment de me trouver devant une indifférence au costume, à la vesture comme dit Barthes, j'aurais applaudi des deux mains. Mais ce n'était pas de cela qu'il s'agissait. Il n'y avait pas la moindre indifférence aux vêtements dans ce raz de marée bleu délavé. Au contraire. Le pied traînant, le jean serré et les cheveux qui n'en finissaient pas étaient l'équivalent exact pour leur époque de ce que furent vers 1910 les bottines claires, la chaîne de montre, le jonc et le canotier. Un engouement collectif. Il n'y avait donc pas désaffection envers l'habit, mépris des apparences. Tout le contraire : il fallait être habillé comme cela pour être tout simplement de son temps.

Or ce qui me frappait dans le phénomène c'était ce que j'appellerais son maoïsme spontané. Les générations les plus hostiles à l'armement, les plus antimilitaristes, les plus rebelles à tout ce qui pouvait ressembler à un uniforme, venaient de le réinventer. Et leurs parents émerveillés se précipitaient dans les Prisunic et Monoprix, ces « magasins d'habillement » des armées citadines ; chacun ressortait avec la tenue requise. Et tout cela s'opérait sur des millions de gens au même moment, sans qu'aucun empereur ait donné la moindre consigne.

Que cette renaissance d'un uniforme ne soit pas tout à fait sans signification, j'en conviens. Les petits jeunes gens de Budapest qui se débrouillent pour acheter des jeans ressemblent un peu aux romantiques de 1845. Les redingotes alors étaient des drapeaux qu'on finissait par exhiber sur des barricades. Dans les capitales des pays de l'Est, aujourd'hui, les barricades ont mauvaise réputation. Et il y a là-bas une manière de se vêtir qui constitue un premier défi public, lancé à la face des autorités du lieu. A l'est du monde, le jean est donc respectable puisqu'il est une affirmation d'insoumission.

Mais, bien entendu, dans les pays occidentaux, l'invention d'un uniforme, à usage des gens de vingt ans, n'avait pas grand sens. Tout simplement parce qu'il n'y avait personne à défier : les pères et les mères déguisés en copains ne représentaient même plus une menace, tout au plus une gêne.

Ce fut la deuxième gaffe. Quinquagénaires, quadragénaires, mes frères, personne ne vous demandait de vous prendre pour des Pic de la

Mirandole. Vos enfants n'attendaient pas de vous des exposés en forme sur la protohistoire, le concile de Constance, les taux de croissance comparés des pays européens au XIXe siècle et la pensée de Max Weber. Sur quelques-uns de ces sujets, vous aviez quelques idées vagues. A la rigueur, vous eussiez pu avoir une discussion avec votre fils ou votre fille, et même leur indiquer le nom des ouvrages susceptibles d'améliorer leurs connaissances.

Mais voilà. Vous aviez tellement peur de décevoir, de paraître ridicule, que vous avez choisi de vous taire. Vous aviez vaguement honte de votre métier, vous n'aviez pas envie d'encombrer les soirées familiales avec les récits consternants de vos histoires de bureau, vous étiez trop fatigué pour oser aborder, passé vingt-deux heures, les quelques questions fondamentales qui, obscurément, préoccupaient vos gosses. Lesquelles ? Comme si vous ne les connaissiez pas : ce que l'on fait sur terre, peut-on échapper à la solitude, est-ce qu'il n'y a pas, au-delà du sexe, quelque chose de bien plus important que lui, est-ce que faire de la politique a un sens, à quoi servent les étoiles, que signifie la mort?

J'imagine votre tête, lisant cela. Un frisson vous parcourt l'échine. Non seulement vous me jugez vieux, mais soudain vous pressentez que je frôle le gâtisme. Car toutes ces questions-là, c'est-à-dire celles qui vous avaient hanté aux alentours de votre seizième année, c'étaient, estimez-vous, celles qu'il ne fallait en aucun cas aborder. Elles n'avaient plus de sens, pour vos fils. Elles les laissaient parfaitement indifférents. Ils avaient miraculeusement sauté par-dessus les questions qui empêchaient Socrate de dormir. Liquidé,

Socrate, vieille carcasse grecque, assassiné par son peuple il y a plus de deux mille ans, sur une côte quelconque de l'immobile Méditerranée. Rangé au magasin des accessoires, le rire énorme du père Rabelais, regardant les petits hommes manger, dormir, et disparaître. Gommée la méditation terrible de Kierkegaard sur la signification de la foi. Un beau matin, en somme, par honte, paresse, ou sottise, vous aviez donc décidé que toute la culture dont vous étiez les héritiers était sans signification, que vous ne deviez surtout pas « encombrer » l'esprit de vos petits avec ces sornettes accumulées au fil des siècles. Vous avez décidé de n'être plus que des imbéciles. Je peux vous dire que ce fut un extraordinaire succès.

Faut-il récapituler la scène ? D'un côté les pères et les mères qui se taisaient par discrétion ou par gêne. De l'autre, leurs enfants qui se gardaient de les questionner, imaginant qu'ils n'entendaient rien à leurs problèmes. Ce fut un assez joli silence. Vous me rétorquerez que cette situation n'a rien de particulièrement nouveau, que toutes les générations débarquantes ont rencontré quelques difficultés à bavarder avec celles qui les précédaient. Je n'en disconviens pas. A ceci près que l'environnement intellectuel et moral était, lui, presque sans précédent. Nous sommes nés, vous êtes nés, dans un univers relativement ordonné. Certes, la nuit, l'amour, la guerre, existaient déjà. Ils avaient d'ailleurs existé de toute éternité. Mais peu de gens prenaient la peine de les remettre en question, alors.

Vos gosses, au contraire, débarquaient dans un véritable chantier : ruine des villes, ruine des nations, absolutisme des idéologies, tonnerre des média, reconnaissez que le décor avait changé. Pas pour vos gosses. Puisqu'ils n'en avaient jamais connu d'autres. Du coup, ces bons petits se posaient toutes sortes de questions. D'abord, toutes celles qui vous avaient préoccupés, ensuite, celles qu'ils découvraient.

Qu'est-ce qu'ils attendaient de vous ? Simplement ceci : que vous soyez vous-même, sans honte et sans fierté. Que vous racontiez vos histoires de bureau lorsqu'elles vous tracassaient trop ; que vous parliez de l'argent lorsque vous étiez bien embêtés de n'en avoir pas assez ; que vous sachiez dire « oui » lorsqu'il vous semblait raisonnable de ne pas interdire. Que vous sachiez dire « non » avec la même mesure lorsqu'il vous paraissait évident que vos enfants allaient faire une sottise. Un peu de tendresse cachée, en plus, bref vous commencez à comprendre ce que je veux dire. Vos enfants avaient besoin de père et de mère. Ni plus ni moins. Pas de copains grisonnants ; ils en avaient des tas de leur âge avec qui, d'ailleurs, ils tentaient de parler de tout. Mais lorsque vous n'étiez pas là.

En somme, vous n'avez pas tout à fait rempli votre rôle. La volonté acharnée d'échapper à l'âge, de demeurer jeune, d'être de votre temps, tout cela vous a transformé pour vos enfants en zombies. Vous étiez là et vous n'étiez pas là. Vous deviez bien savoir des tas de choses puisque vous aviez tant vécu. Mais à quoi bon questionner le sphinx : ses lèvres sont closes.

C'est bête ! Si vous aviez pris le temps de lire (ou de relire — comme disent toujours avec délicatesse les universitaires) le philosophe danois, vous auriez su qu'ici-bas, tout ce que l'on abandonne — c'est-à-dire tout ce que l'on donne — vous est restitué *hic et nunc*; et vous auriez été un peu différent. Vous y auriez beaucoup gagné. Vous ne comprenez pas bien ce que je veux dire? Je vais donc vous expliquer et surtout vous donner une preuve. Une preuve qui, d'ailleurs, vous réhabilite en partie, une preuve qui, vue du point de vue de l'éternité, vous absout de toutes vos sottises. Vous avez beaucoup aimé vos enfants. En face d'eux vous avez oscillé entre la tendresse bêtifiante, l'étonnement honteux et la crainte révérentielle. Mais sans cesse, vous avez tremblé pour eux. C'était bien le moins, pensez-vous. Qu'en savez-vous? Il y eut des époques où les enfants poussaient tout seuls (et mouraient tout seuls), d'autres durant lesquelles ils se constituaient en cohortes sans épée et où ils dévalaient le long des vieux chemins de France. C'étaient des croisés ou des loups. Ils furent traités comme les seconds. D'autres époques encore, bien plus proches de nous, où les gosses du peuple allaient travailler à onze ans et où ceux de la bourgeoisie, au même âge, étaient mis en prison : car les collèges étaient des prisons. Peut-être ces comportements masquaient-ils un amour caché. Mais bougrement caché, alors. Au point que l'on peut se demander ce qui sépare cette tendresse-là de ce que nous nommons, nous, indifférence.

Vous ne vous êtes pas comportés de cette manière. Et cette tendresse un peu maladroite et pathétique, vous a, bien entendu, été rendue. Vos enfants vous ont considérés comme relativement inutilisables mais ils vous ont adorés. Quoi? Vous écarquillez les yeux, vous ne me croyez pas, vous vous souvenez des scènes, des fugues, des soirées impossibles, des lettres de rupture annonçant on ne sait quelle sottise ? Et puis, après ? Vous leur aviez donné un amour niais ; ils vous ont rendu un amour niais. Donnant donnant. Les preuves de ce que j'avance ? Donnez-vous la peine de lire la remarquable enquête, éditée aux Presses uiversitaires de France et qui est vendue sous le titre allègre comme une matinée de printemps de *La Famille après le mariage des enfants,* de Louis Roussel. Un bon travail de vrais sociologues. Clair et démonstratif. Vous y découvrirez cette certitude assez bouleversante : nos gosses nous ont aimés parce qu'ils ont senti que nous les aimions. Ceci étant, ils nous ont considérés comme de braves gens qu'il fallait laisser mourir en l'état, ce qui était un peu excessif. Et, prenant acte de cette situation bizarre, les chers petits ont fait la seule chose qui leur semblait possible : ils se sont débrouillés sans nous et ils ne s'en sont pas tirés trop mal. A ceci près qu'ils ont eu quelques difficultés à discerner dans les discours louangeurs qui les entouraient, comme l'encens le prêtre, la part de vérité et la part de mensonge. Occuponsnous donc des mensonges.

II

De la gentillesse, de la niaiserie et de l'ignorance des gens de vingt ans

GENS de vingt ans, filles et fils, vous avez de bonnes gueules, une sacrée vitalité, du goût pour la vérité et une trouille raisonnable de l'avenir. Tout cela est bel et bon. Est-ce suffisant ? Je n'en suis pas très sûr. J'ai envie de vous dire, d'entrée de jeu, que je vous trouve un peu niais et que je regrette profondément que vous ne sachiez pas grand-chose.

Quoi ! Vous protestez ? Ne parlez pas tous à la fois, on ne s'entend plus. Vous demandez la définition de la « niaiserie » et celle du « savoir ». Vastes problèmes. Je vais tenter de vous expliquer ce que je crois être le minimum vital de lucidité et de connaissances nécessaires pour avancer d'un pas à peu près égal dans ce que vous et moi appelons la vie. Quoi encore ? J'entends quelqu'un qui proteste, qui m'interpelle en me demandant si je suis certain d'avoir raison. Mais bien sûr que non. Personne n'est jamais sûr d'avoir tout à fait raison. Pour qu'il ne subsiste pas de malentendu, je précise une fois de plus les règles du jeu : je vais exprimer ici, sans gêne ni cruauté ni fioriture, ce que ressent un quinquagénaire quelconque. Vous pouvez tenir compte de mes observations ou les considérer comme des données neutres vous permettant de mieux comprendre la psychologie des candidats à la vieillesse. Donc, vous êtes libres. Et moi aussi.

Cette précaution prise, revenons donc au point de départ. Mais deux affirmations vous déconcertent quelque peu, parce qu'elles ne correspondent pas à ce que vous avez pris l'habitude de lire à votre sujet. Les grandes consciences qui vous parlent, avec une pointe de mélancolie distante et une admiration feinte, s'adressent à vous en d'autres termes. Permettez-moi de résumer leurs discours :

« Il y a quelque mérite pour les gens de vingt ans, à vivre dans l'univers que la conscience bourgeoise, avec une sottise de mule, a fabriqué. Monde de l'argent, monde des armes, monde de la publicité, voilà les trois piliers de la demeure dont héritent les nouvelles générations. Elles n'aiment pas ce palais des horreurs. D'autant plus qu'elles y sont accueillies par un racisme antijeunes, frère bâtard de tous les autres racismes. Celui qui depuis des millénaires a fait de la femme un objet, celui qui depuis les XVe et XVIe siècles a fait des hommes de couleur des vivants par condescendance. Cette situation oppressive, les gens de vingt ans, en un éclair, l'ont comprise. Avec lucidité et courage, ils ont entrepris de faire dégringoler un à un les tabous qui ligotent encore les hommes. Qu'on ne leur demande pas de nommer cette oppression généralisée qui constitue la trame du monde capitaliste. Ils se moquent des définitions, ils ne connaissent que les adversaires. Quand cesserat-on de les tenir en suspicion quand ils osent simplement déclarer que le roi est nu... ? »

Le discours est joli, il a du ton, la pointe d'impertinence requise ; bref, on le considère comme séduisant. Mais si vous me permettez de vous chiper une expression, il est un peu « débile ».

Passons sur les contrevérités historiques : l'éternel asservissement des femmes est une blague. Régine Pernoud, dans son beau livre *Pour en finir avec le Moyen Age*, rappelle à juste titre que la plupart des saints, dans les premiers siècles de l'Église, furent des femmes. Qu'Éléonore d'Aquitaine, qui à sa manière gouverna l'Europe, et Blanche de Castille, la France, n'étaient pas inscrites au M.L.F. Que Jeanne d'Arc fut une espèce de général de Gaulle. Bref, qu'il faut attendre ce fameux XVIe siècle, cette non moins fameuse Renaissance, pour que le retour inconditionnel à l'idée que l'on se faisait de la romanité place brusquement la femme dans une situation d'infériorité. Et cela au niveau essentiel qui est celui du droit. La Réforme et la Contre-Réforme, sur ce point, ont été objectivement, et parallèlement, réactionnaires. Je n'insiste pas. Dans le climat actuel, il ne sert à rien d'essayer de remettre sur leurs pieds les idées que se font les gens. Autant essayer d'irriguer le Sahara. Passons de la même manière et allégrement, sur le racisme. C'est un terme qui a l'avantage d'être relativement clair et il faut se garder de l'utiliser à tout bout de champ. La crainte des « loulous » de banlieue, spécialistes des vols de voitures, des rafles de mobylettes et des agressions contre les chauffeurs de taxis et les femmes, n'a pas grand-chose à voir avec quelque racisme que ce soit. La stupéfaction des adultes devant les manifestations lycéennes contre la loi Un tel ou Machin-Chose est marquée au coin d'un certain bon sens. Les épidémies existent, nous les avons tous rencontrées. Les enfants adorent faire du bruit et les parents ont un certain goût pour le silence ; les jeunes générations débordent de vitalité et les grandes personnes sont parfois envahies par la trouille. Ce sont des états passagers dont il faut se garder de tirer des réflexions générales.

Donc, le racisme antijeunes est une blague. Et le monde que nous livrons à nos héritiers est plutôt moins horrible que celui que nous avons trouvé. On nous a offert, dans notre prime jeunesse, l'hitlérisme et le stalinisme. Joli paysage. Le premier a disparu et nous avons payé le prix. Le second est largement malade et c'est déjà quelque chose. Pas de quoi pavoiser dans les rues ; mais pas de quoi non plus pleurnicher toute la journée. Disons, pour faire vite, que l'univers actuel est relativement complexe et que pour tenter de le maîtriser, il faut s'accorder de temps à autre quelques moments de réflexion.

Nous y sommes. Lorsque je crois constater au sein de la nouvelle génération une grande naïveté et une superbe ignorance, je n'ai pas le moins du monde le sentiment d'être raciste. Je constate, et voilà tout.

Bien entendu, je me rends compte à quel point toute généralisation au niveau d'une génération est ridicule. Là comme ailleurs, il y a des petits et des grands, des gros et des maigres, des imbéciles et des malins, des salauds en puissance et des saints dont nul — jamais — ne connaîtra le nom. Tout simplement parce qu'il existe des rapports entre la sainteté et l'extrême modestie. Les saints ne passent pas à la télévision et personne ne songe à en faire des posters. Nous sommes quelques-uns à savoir que le chevalier de la foi, s'il existe, a inévitablement la gueule d'un employé de bureau. Et peu de gens remarquent les employés de bureau.

Donc, à l'intérieur de l'armée des gens de vingt ans, il y a de tout. N'empêche ! La généralisation, à condition qu'elle soit menée avec prudence, n'a rien d'abusif. Il existe une vague communauté des âges ; une commune manière de regarder les visages, les maisons, les arbres, le ciel et la mer qui constitue une amorce de sensibilité collective. Bien entendu, cet état de grâce ne dure pas. Les années, cavalières noires, martèlent de leurs sabots ce jardin bien ordonné. Passé la trentaine, chacun s'arrange avec sa vie sans trop se préoccuper du voisin.

Donc, s'il faut s'exprimer avec prudence lorsqu'on joue avec le concept de génération, il n'est cependant pas faux de l'utiliser. A condition de ne pas tricher.

Or, ce qui me frappe, dans le discours dominant de notre époque (« discours dominant », voilà encore l'un des mots creux qui nourrit fortement les propos des sociologues) à propos des gens de vingt ans, c'est qu'il est truqué, c'est que personne ne dit la vérité, c'est que par crainte de déplaire, on vous cache aussi bien vos qualités que vos défauts.

Permettez-moi, avant de décrire ce que je crois être vos défauts, de vous révéler l'une de vos qualités principales. Je ne suis pas très sûr d'ailleurs de vous faire plaisir. Car il existe des qualités déconsidérées et des défauts magnifiés.

Votre qualité dominante, faites excuse, c'est la

gentillesse. J'imagine votre tête, lisant cela. La gentillesse ne fait pas partie de la panoplie du Zorro contestataire de 1977. La gentillesse est une vertu de grand-mère. Elle sent le coin du feu, les tricots, les beignets aux pommes, les confitures de l'enfance. Elle est acceptée et même appréciée, lorsqu'elle appartient aux vieilles personnes. Ce serait en somme la vertu du prégâtisme. Mais c'est une attitude qui manque totalement de dignité. Aujourd'hui, on s'aime — dit-on — sans discours préliminaire et on se quitte sans larmes. On analyse « sans concession » et on « démystifie » du matin au soir. Les yeux ouverts ne regardent plus les paysages, ils se bornent à cracher des flammes. Bref, filles et fils, vous voulez bien ressembler à Lénine, ou à Guevara, mais pas à Mémé.

Je vous comprends. Mais je n'y peux rien. Mémé vous a refilé de vieux trucs, une manière d'être par rapport aux choses toute de méticulosité, de patience, et d'amour. Il vous en reste quelque chose. Et ça ne vous va pas si mal : vous n'aimez pas que les gens souffrent, vous avez envie de vous promener et de rire, vous détestez la solitude et lorsque vous faites de la peine à ceux qui vous entourent, vous vous sentez un peu honteux. Vous regardez avec des yeux écarquillés les films de notre époque où les sexes sont des obélisques et où le sang se répand avec la majesté des fleuves dans l'océan. Lorsque les scènes deviennent trop atroces, vous vous cachez les yeux dans le cou de votre voisin ou de votre voisine, pour ne pas voir. Mais lorsque vous sortez de la salle, vous affirmez que c'était très beau pour ne pas faire de peine aux copains qui avaient choisi ce film. Il vous arrive de dire à vos parents de longs chapelets de vérités et d'erreurs ; mais c'est parce que vous n'êtes pas très à l'aise avec vous-même. Au fond, vous n'aimez pas lorsqu'ils ont l'air triste. Vous voudriez bien qu'ils soient autres. Mais vous les aimez tels qu'ils sont par ce que dans cet univers glacial ils demeurent tout de même une petite boule de chaleur dont vous ne souhaitez pas qu'elle s'éteigne trop vite.

C'est quoi ça ? La gentillesse. Non, ce n'est pas une vertu de faibles. Peut-être est-ce la forme la plus délicate de cette forteresse imprenable qui s'appelle la « charité ». Encore un mot qui fait bondir. Avec des trémolos dans la voix, tout le monde proclame que l'on ne veut plus de la charité, que l'on ne souhaite que la justice. Des quantités de petits Saint-Just s'enrouent la voix autour de ce thème, oubliant que le plus grand discours de cet homme énigmatique est celui qu'il fit en attendant son arrestation : cette nuit-là il n'ouvrit pas la bouche. Un silence qui n'en finit pas de nourrir la méditation des historiens, et d'intriguer les révolutionnaires.

Or, la justice est un rêve, et vous le savez bien. Si l'injustice est inacceptable, la justice absolue est inatteignable. S'il faut, avec une infinie patience, raboter éternellement la première, il faut savoir que la seconde n'est qu'une étoile polaire. C'est-à-dire une lumière indispensable puisqu'elle indique le nord, mais en même temps une étoile qu'aucune sonde « Viking » n'ira reconnaître de sitôt. Et entre la détestation de l'injustice et le besoin de justice, il y a ce mot dont on ne veut plus, parce que les siècles morts l'ont empâté d'hypocrisies : la charité. Une manière de regarder l'autre ; le pressentiment qu'en dernière analyse il faut choisir entre lui et soi : faire souffrir l'autre ou souffrir soi-même. Pas de compromis. Pas d'équilibre. Rien. Puisque vous aimez les positions abruptes, je me permets de vous signaler au passage que la charité appartient à cette catégorie du tout ou rien. Mais je ne veux pas m'appesantir sur la charité parce qu'elle débouche directement sur la tragédie et que ces temps-ci la tragédie (la fausse, la vraie) est un peu trop à la mode. Bornons-nous donc à répéter que la gentillesse est probablement la première pousse de la charité et qu'en affirmant que vous êtes gentils, non seulement je ne vous insulte pas mais je vous salue.

L'embêtant, c'est que la gentillesse ne suffit pas. Pour se trimbaler avec un peu d'humour, de la naissance à la mort, il faut se fournir en plus d'un peu de lucidité et de quelque connaissance. L'une et l'autre s'acquièrent pour des prix extrêmement modiques. Encore faut-il admettre au départ que l'on ne possède ni l'une ni l'autre. Or, dans l'ensemble, ces évidences vous échappent. Vous vous croyez malins — et vous ne l'êtes guère ; vous estimez savoir beaucoup de choses mais vous ne prenez même pas la peine de lire.

Arrêtons-nous un instant sur le problème de la naïveté. Personne ne peut dire avec certitude s'il s'agit d'une qualité ou d'un défaut. Disons, pour aller vite, qu'il y a deux naïvetés, la bonne et la mauvaise. Il existe un grand nombre de gens qui traversent la vie sans très bien voir de quoi il s'agit. Ils ressemblent quelque peu à des somnambules, à des Pierrots lunaires ou à des Don Quichotte. Ils découvrent des rochers et affirment qu'il s'agit de châteaux forts, des astres et ils pensent pouvoir les attraper au lasso, des moulins et ils affirment que ce sont des géants. Dieu me garde de vouloir les rejeter aux enfers ! Sans leur présence, l'univers serait horriblement prosaïque. Peut-être connaissent-ils, sans le savoir, quelques-uns des secrets que nous ignorons. En tout cas, ils pressentent, avant tous les autres, la venue des orages, le passage des comètes et pourquoi, cette année, il n'y aura pas d'escargots. A leur manière, les poètes, les saints, et les prophètes appartiennent à cette catégorie de naïfs. Ils ne voient pas clairement le monde qui les entoure parce qu'ils en pressentent un autre derrière celui-là. Leurs comptines, leur musique ou leurs dessins traversent les siècles comme des météores et nous livrent à la fois la sensation du temps et celle de l'éternité. Grâce soit donc rendue à cette espèce de naïfs. Si vous avez la sensation vague d'appartenir peut-être à cette race d'oiseaux qui ne savent jouer qu'avec le vent et le soleil, alors, par pitié, demeurez naïfs : nous avons besoin de vous.

Mais attention. Il y a beaucoup d'appelés et peu d'élus. Les peintres, les poètes et les musiciens finissent mal. Lorsqu'ils ont vingt ans, ils ressemblent à des libellules ; lorsqu'ils en ont soixante, s'ils atteignent cet âge, les ombres sur leurs visages rappellent quelque peu celles du Christ lorsqu'il s'en va à petits pas vers le jardin des Oliviers. Beethoven est mort sourd, Van Gogh fou, et de Staël s'est jeté par la fenêtre de son château à l'instant même où il a été certain d'« avoir réussi », comme on dit. Cette forme de naïveté rachète le monde. Mais il faut bien que quelqu'un paie. Et les poètes, les saints et les prophètes ont trop de délicatesse pour expédier la note à une autre adresse qu'à la leur.

Si vous n'appartenez pas à cette catégorie — ce qui est le cas du plus grand nombre —, alors il est urgent de vous délivrer de la crédulité des imbéciles. Ce qui est écrit dans le journal n'est pas la vérité. Ce que susurre la radio est à prendre avec des pincettes. Et les émotions que provoquent en vous la télévision, ou le cinéma, doivent vous laisser totalement indifférents. Il y a deux sortes de larmes : celles des saints et celles des crocodiles. A notre époque, nous sommes tous devenus des crocodiles. Voilà pour les impostures majeures, celles dont, dès maintenant, vous avez discerné vous-même la nocivité. Mais il en existe de plus subtiles. Oserai-je dire que tous vos copains ne sont pas des amis ? Les serments d'amour, des assurances-vie ? Les discours des hommes politiques — qu'ils appartiennent à la majorité ou à l'opposition —, des contrats devant notaire ? Je ne vous apprends rien, direz-vous ; vous n'ignorez rien de tout cela. Je n'en suis pas aussi sûr que vous. On vous a seriné depuis des années que la publicité, la télévision et les discours des chefs d'État étaient des mensonges. Vous l'avez cru et vous avez bien fait. Mais on s'est gardé de vous révéler que ce discours-là était, lui aussi, un mensonge. La mode est une tricherie ; la mode contre la mode en est une autre. Les promesses de l'homme d'État sont des duperies ; les affirmations des révolutionnaires en sont l'exacte contrepartie. Bref, tout le monde vous raconte des histoires. La sagesse commence à l'exact moment où vous ne prenez pas les paroles de celui qui tente de vous convaincre pour un discours évangélique. Vous êtes tombés dans un univers de menteurs. Il suffit d'en prendre conscience.

Notez bien que tous ceux qui s'adressent à vous ne sont pas des menteurs volontaires. Le menteur volontaire est plus rare qu'on ne le croit. A notre époque, au contraire, les hommes mentent avec conviction. Donc, d'une certaine manière ils ne mentent pas. Ils croient dur comme fer à ce qu'ils proclament, ils affirment faire partie de la race des témoins prêts à se faire égorger. Mais Dieu merci on n'égorge pas encore partout. Lorsque l'histoire se met à basculer, lorsque les hommes d'un pays déterminé n'ont plus le choix qu'entre la soumission et le risque de la mort, le nombre des témoins pascaliens, c'est-à-dire prêts à mourir, tombe en chute libre. Vous avez le droit d'aimer ou de ne pas aimer Soljénitsyne. De croire ou de ne pas croire ce qu'il a dit. Mais vous avez le devoir absolu de le lire, sans trop vous occuper des rumeurs que l'on répand sur son compte. Tout simplement parce qu'il a, manifestement, pris le risque de disparaître dans l'une des îles de l'archipel.

Cela pour déboucher sur mon deuxième considérant préliminaire. Ce que j'appelle votre naïveté ne tombe pas du ciel. Je crois — et je vous prie de m'excuser de ce diagnostic incertain — qu'elle est le fruit de votre paresse intellectuelle. Vous ne lisez pas et vous n'aimez pas lire. Vous adorez les images, et vous avez bien raison. Vous absorbez goulûment les films, les slogans et le Coca-Cola. Je me garderai de rien dire contre le cinéma. Il produit le meilleur et le pire. En trois quarts de siècle, il a bouleversé la sensibilité de millions d'hommes. Et à travers lui, les gens qui n'avaient jamais vu un tableau, qui n'avaient jamais écouté une symphonie, ont eu — sans le savoir — le pressentiment de ce qu'était la beauté. Qu'une bonne part de votre sensibilité ait été fabriquée par ces rouleaux de pellicule, enfermés dans des boîtes en aluminium, c'est une évidence. Et il ne faut pas se battre contre les évidences. Mais le cinéma à lui seul est tout à fait incapable de fabriquer des cervelles un tant soit peu solides.

Pourquoi ? Parce qu'il s'adresse uniquement à la sensibilité immédiate. Il se moque éperdument de la raison. Il fait pleurer ou il fait rire. Il affirme ou il nie. Rien de plus, rien de moins. C'est quelque chose, mais ce n'est pas beaucoup.

Bref, tous les faux prophètes qui chantent la civilisation de l'image sont des charlatans. La connaissance est dans les livres et pas ailleurs. Si vous négligez de lire, vous serez des imbéciles et si vous êtes des imbéciles, vous resterez des niais.

Ne m'en veuillez pas de ces affirmations abominablement rétro. Je vous ai promis de ne pas vous mentir. Si je cédais, ne fût-ce que d'un pas, sur ce point, je n'aurais plus qu'à refermer mon stylo. Ne vous y trompez pas, je suis au cœur du sujet, au centre exact du mensonge qui vous entoure. Vos professeurs de lettres, terrorisés par la mise en accusation de la Culture, se gardent de vous faire lire quoi que ce soit. Une dissertation sur Babeuf, pour paraître révolutionnaire, et une sur Boris Vian pour bien marquer qu'ils appartiennent au monde surgi de Saint-Germain-des-Prés. Ajoutez *Le Grand Meaulnes,* qui résiste au temps, on ne sait trop pourquoi, et *Paroles* du cher Prévert, qui est à la poésie de notre temps ce que Samain fut à celle du sien. Avec cela, le bagage que vous emportez, sur les chemins de la vie, est léger comme une bulle. Vous avez entendu parler de Radiguet, parce que vous avez vu au cinéma *Le*

Diable au corps avec Gérard Philipe, de Stendhal et de *La Chartreuse de Parme* parce que quelqu'un a eu la bonne idée de les mettre en boîte. Une veine que Laurence Olivier ait incarné, admirablement, le personnage de Hamlet pour le grand écran, sinon je ne suis pas très sûr que vous ayez jamais rencontré Shakespeare.

J'exagère? Je suis injuste? Allons donc! Nous sommes entre nous. Personne n'est là pour vous coller une note et elle ne comptera pas pour l'examen que vous préparez. Ne protestez pas. Je sais qu'il y a des exceptions. Mais ce qui m'intéresse ici, c'est la sensibilité collective. Vous allez presque tous au cinéma. Et la plupart d'entre vous ne lisent rien. J'estime que le cocktail est détonant. Après dix ans d'une telle formation, vous avez une sensibilité prodigieuse et une culture inexistante. Le résultat est probable : les charlatans, les vendeurs d'idéologie, les orateurs de télévision, vous manipulent sans trop de difficulté. Vous êtes des proies désignées pour ceux que Glucksmann nomme les « maîtres-penseurs ». Ou tout au moins pour leurs héritiers. En voulez-vous une preuve? Vous vous êtes déjà fait piéger sur un problème qui, pourtant, vous intéresse au plus haut point : le bonheur.

III

De la possibilité immédiate du bonheur

Si vous étiez un tout petit peu plus lucides, et si vous aviez lu davantage, vous n'auriez pas écouté les prophètes de malheur. Du coup, vous seriez heureux. Avouez que cette proclamation liminaire mérite de votre part quelques minutes d'attention.

L'astuce des prophètes de malheur, qui sont à notre époque légion, est tout entière bâtie sur une espèce de sophisme. Ils proclament que le bonheur est possible, ce qui constitue une nouvelle réconfortante pour tout le monde. Et ils ajoutent tout de suite qu'il est pour demain, ce qui revient à dire que, pour le moment, il n'existe pas. Vous voilà, d'un seul coup, jetés dans les abîmes conjoints de la mélancolie pour aujourd'hui et de l'espoir sans limite pour demain. Une situation invivable. Ou bien le bonheur existe, et il est à votre portée tout de suite; ou bien il est pour le siècle à venir et vous ne le verrez pas. Moyennant quoi, vous êtes tous mobilisés pour la quête mondiale du bonheur. En avant les chevaliers de ce nouveau Graal! Souvenez-vous simplement que les héros bretons n'ont jamais trouvé le vase magique.

Observons d'un peu plus près la nature du discours sur le bonheur. Tout le monde vous serine qu'il est pour demain et chacun vous montre sur la carte où se trouve ce jardin paradisiaque. Pour beaucoup, l'éden se situe par-delà la mer révolutionnaire : il y aura la révolte, puis la terreur (nécessaire, hélas !), puis la réconciliation de l'homme et de la nature, bref, une espèce de Directoire, pour en revenir à l'expérience historique. On se garde de vous rappeler qu'après le Directoire, il y eut l'Empire, puis après l'Empire d'autres révolutions avec, de nouveau, la succession interminable d'illusions lyriques, de nouvelles terreurs, et de nouveaux directoires. Ça dure depuis 1789 et rien ne prouve que cela doive s'arrêter. Le pauvre peuple khmer qui, autour de ses temples, n'avait jamais rien demandé à personne est entré dans la période de terreur et ne semble pas prêt d'en sortir. On dirait que ce moment nécessaire de la révolution augmente en durée au fil des siècles.

Pour d'autres, le bonheur c'est la découverte de l'amour fou qui, dans un éclair, vous ouvrira les portes du paradis absolu ; pour d'autres enfin, vous ne saisirez le bonheur que lorsque vous aurez fait tomber les murailles de convention qui vous séparent de ce jardin.

Pour tous, si je comprends bien, le bonheur est pour demain.

Or, c'est une blague. Le bonheur est là, ici, tout de suite ou bien il ne sera jamais nulle part. Ne vous faites pas d'illusion. Les quinquagénaires qui susurrent à vos oreilles leur petite chanson sur le bonheur savent parfaitement à quoi s'en tenir. Peut-être projettent-ils leur désenchantement sur vous; peut-être espèrent-ils que vous vous engagerez à votre tour sur les longs pèlerinages de nulle part où depuis quelques siècles ils errent.

Mais, en tout cas, ils vous racontent des histoires. Entendons-nous bien : la révolution existe, l'amour fou existe, il est excellent de jeter pardessus bord un certain nombre de sottises accumulées au long des siècles.

J'irai même plus loin. Vous ferez sans doute, durant votre existence, quelques révolutions. En France, c'est une tradition nationale. C'est assez rigolo : il y a des gens qui se croyaient tout et qui découvrent qu'ils ne sont pas grand-chose; des personnages dont personne ne connaissait le nom la veille qui s'installent avec une vive satisfaction dans des fauteuils de ministres. Pendant quelques jours ou quelques semaines, vous aurez vécu dans la fièvre et vous aurez dit n'importe quoi; c'est très agréable. Vous vous réveillerez au lendemain de cette soûlerie avec une formidable gueule de bois; vous disposerez d'un stock d'histoires à raconter à vos petits-enfants; vous serez très vite habités par le sentiment étrange que, contrairement à ce que vous pensiez, rien n'a changé. Vous aurez abattu l'État et reconstitué l'État. Et au moment requis, vous recevrez, comme l'année précédente, votre feuille d'impôts majorée de 20 p. 100, compte tenu de la hausse du coût de la vie, et du désastre économique inévitablement provoqué par l'événement.

Je vous entends. Il paraît que je n'ai rien compris, que votre révolution n'aura rien de commun avec celle que je décris, que vous méprisez la Social-démocratie parce qu'elle est sans saveur et le communisme parce que vous n'avez plus grand-chose à apprendre sur ce qu'il est. Bref, vous ferez mieux, vous inventerez le tout autre.

Faites excuse, camarades, je n'y crois pas. Et le débat est inégal. Vous êtes vaincus d'avance. A la barre, vous faites témoigner votre rêve. Moi l'histoire. Et Clio ne badine pas. Politiquement, le nombre des futurs possibles, dans une situation déterminée, est prévisible. Il n'y a jamais d'inventions absolues. Ou bien votre rêve s'évanouira ou bien il commencera à se réaliser et débouchera sur l'amertume ; celle de l'échec ou celle de la terreur.

C'est comme ça. Toutes les révolutions ont suivi cette étrange logique : l'égyptienne, qui dura mille ans ; la romaine, qui dura un siècle (et qui est peut-être la plus extraordinaire de toutes) ; l'anglaise, qui exhale un parfum de brouillard, d'héroïsme et de trahison ; l'américaine, qui est coloriée et fraîche lorsqu'on l'arrête à la déclaration de l'Indépendance, atroce si on lui ajoute sa péripétie qui se nomme la guerre de Sécession. Notez bien qu'il n'y a rien de commun entre chacun de ces événements. Si ce n'est qu'on les baptise tous du terme de révolution.

Et c'est bien là que le vrai drame commence. Car c'est la Révolution française, admirable en 89 et terrifiante en 93, qui va servir de matrice à tout ce qui va suivre. C'est à travers la méditation sur la Révolution française que les philosophes allemands d'un côté du Rhin et les historiens français de l'autre, vont commencer à forger le concept même de révolution. Ils vont récapituler toutes les luttes de l'histoire, tenter de les unifier et prétendre qu'elles sont une. Le concept deviendra une boule de feu ; il explosera une première fois à Paris au moment de la Commune et une seconde à

Moscou et à Petrograd en 1917. La boule de feu deviendra, comme il se doit, un soleil. C'est celui qui, aujourd'hui, éclaire l'archipel du Goulag. Notez que je ne dis rien de la révolution chinoise, parce que personne ne la connaît vraiment, que l'on commence simplement à soupçonner qu'elle a ressemblé à toutes celles qui sont filles de la Révolution française et de M. Marx.

Je ne vous convaincs pas, ou du moins vous n'êtes pas décidés à me faire cette concession intellectuelle ? Faites attention. Nous commençons à être nombreux à savoir cela et à le dire sans le moindre complexe. Et il y a gros à parier que cette prise de conscience, cette certitude intérieure qu'il faut en finir à jamais avec l'idée même de révolution, parce qu'elle n'a pas le moindre sens, qu'elle conduit simplement d'un état médiocre à un état totalitaire par le chemin de la terreur, cette évidence — dis-je — va désormais se répandre comme une traînée de feu. Le vrai événement intellectuel, qui s'est produit en France après 1968, c'est exactement la prise de conscience, par quelques-uns, de ce que je viens de vous dire là. Et les conséquences de cette illumination seront immenses et pour le moment inimaginables.

Bon. Vous vous grattez la tête et vous haussez les épaules. Cela ne change rien à mon propos. Quoi qu'il arrive et lorsque la révolution sera terminée — si vous en sortez en bon état — vous vous retrouverez simplement un peu plus vieux qu'avant, avec des problèmes de travail, de logement, de bonnes femmes et de bonshommes et le mol ennui de la quotidienneté. Et vous vous demanderez, étonnés, et vaguement honteux — les survivants sont toujours mal à l'aise — derrière quel nuage s'est caché le paradis dont vous aviez rêvé.

L'amour fou ? C'est déjà une valeur plus sûre que la révolution. Oh ! il ne se rencontre pas vingt-cinq fois dans une vie. Et il ne supporte pas les contrefaçons. La moindre ambiguïté, la moindre tricherie avec soi-même ou avec l'autre et l'aube de printemps se mue en crépuscule d'hiver. Il est en réalité aussi rare que l'amour des mystiques pour Dieu qui est bel et bien, à sa manière, un amour charnel. Et de toute manière, c'est une fulgurance condamnée à mort. La part de folie passe, reste dans le meilleur des cas l'amour lui-même, ce qui n'est pas si mal. Mais nous voilà revenus au problème précédent, c'est-à-dire à la définition de ce qu'est le bonheur.

Dernier discours de nos prophètes. Pour conquérir ce Graal, caché là, sous votre nez, il vous suffit de vous « libérer », comme ils disent. De quoi ? Papa-maman, c'est sûr. Et ce n'est pas tout à fait faux. Quelqu'un y avait pensé avant eux : « Un jour, il quittera son père et sa mère, etc. » Des dieux et des idoles qu'on vous a fourrés dans la tête : le judéo-christianisme, cette tunique qui colle à la peau, même, surtout, de ceux qui ignorent sa présence sur leurs épaules. Les tabous de l'ordre ; ceux de la société (Seigneur, qu'est-ce que cela peut bien vouloir dire ?) ; du sexe enfin. Du sexe surtout. Ça c'est le piège absolu, la sottise suprême, la prédication imbécile qui risque de jeter des milliers et des milliers d'hommes sur le chemin sans issue qu'ils voulaient, par tous les moyens, ne pas prendre : celui de la solitude. Il faudra s'en expliquer plus loin.

Mais point besoin d'être très malin pour

comprendre, presque immédiatement, que le bonheur n'est pas un au-delà ou un ailleurs. Il est une certaine qualité de l'esprit, il existe dès maintenant en vous, vous n'êtes pas heureux ou vous l'êtes, tout de suite et maintenant. C'est en gros affaire de décision personnelle.

★

Je n'ignore pas ce que ces affirmations peuvent avoir, à notre époque, de paradoxal. Au mieux, je vais passer pour un imbécile. Au pire, pour un hypocrite. On me demandera, par exemple, de m'expliquer sur la misère des hommes, la faim dans le monde, le trafic des armes, le rôle des impérialismes et l'angoisse fondamentale.

Mettons de côté, pour le moment, l'angoisse. C'est un problème un peu plus sérieux que les autres. Il mérite qu'on s'y arrête parce qu'il touche à l'existant, donc à l'essentiel; mais pour le moment je n'ai aucune envie de m'arrêter. Je suis travaillé par l'idée d'aller tout droit, d'assener des évidences, de dire tout haut ce que beaucoup de gens pensent tout bas mais n'osent même plus avouer de peur de passer pour des pommes. Ce fruit, chacun le sait, est non seulement à l'origine des embêtements de l'histoire humaine, d'après cette fameuse tradition judéo-chrétienne, mais il est aussi l'image d'une chose ronde, ni tout à fait jaune, ni tout à fait verte, particulièrement stupide, lorsqu'elle est toute seule, sur une grande surface plane.

Occupons-nous donc, pour le moment, de tout le reste. C'est-à-dire la tragédie de l'espèce, le malheur collectif de nos frères lointains. Chaque soir, notre aïeule — je veux parler de la télévision — qui nous conte des histoires à la veillée, s'enroue de tristesse. Elle nous relate, avec moult détails, les tremblements de terre, les accidents de voitures, les massacres, les famines, etc. Nous sommes quatre milliards sur cette planète et la réalité est encore plus terrible que ce que veut bien nous dire l'aïeule. Je suggère qu'elle inscrive chaque soir, à vingt heures trente, juste après les prévisions météorologiques, le nombre des morts de la journée. Croyez-moi, le chiffre est impressionnant. L'effet produit serait angoissant. Ce ne serait plus la catastrophe, la guerre ou la révolution, qui feraient problème. Mais la mort elle-même. Ce squelette armé d'une faux qui encombre les bas-reliefs des cathédrales. Nous comprendrions peut-être qu'il est vain de chercher à tout coup les responsables, d'ouvrir une enquête — comme disent avec des airs pénétrés les journalistes, que le seul type à interroger c'est finalement Dieu si l'on y croit, le destin si l'on n'y croit pas.

On me fera remarquer que je confonds tout ; la fin inéluctable et l'accident qui ne l'était pas. La disparition du fait de la maladie ou de la vieillesse et l'exécution capitale décidée par des jurés censés représenter la justice ou par un tribunal révolutionnaire à la recherche d'un nouvel ordre politico-social. Si l'on ne peut pas grand-chose, en ce qui concerne la mort dite naturelle, peut-être n'est-il pas inutile de se préoccuper de la seconde. La mort, soit, l'assassinat, non.

J'entends bien. J'admets tout à fait que, prise au pied de la lettre, ma constatation aurait découragé les savants et les médecins et que la durée moyenne de vie des vivants aurait continué à stagner autour de la trentième année.

Or je suis — comme tout le monde — pour la recherche médicale, la lutte contre le cancer, et même fortement opposé à l'assassinat politique pour quelque motif que ce soit.

Et après? Car c'est là que tout commence. Autrefois, l'aïeule racontait aux enfants des contes de fées et des histoires de fantômes. Grand-mère, à sa façon, ouvrait les portes du merveilleux. Le gosse écoutait ravi, retrouvait dans l'univers des fées ce qu'il avait ressenti parfois dans les petits matins de printemps, en longeant un chemin creux pour aller à l'école : les jeux entrelacés des ombres et de la lumière, le mystère des écharpes de brume lovée dans le fond des vallons, l'éblouissement de voir filer dans le ciel les nuages, les merveilleux nuages. Et les fantômes eux-mêmes n'étaient pas tout à fait des inconnus pour lui : il les entendait glisser dans le grenier, pas très loin du lit où il essayait de s'endormir. Il avait toujours su que derrière les arbres, lorsque la lune bleuit le sol, rôdent des ombres. L'aïeule, sans le savoir, ouvrait devant les enfants le porche immense de l'imaginaire.

La télé fabrique (ou plus exactement multiplie) le phénomène de la mauvaise conscience. Une mauvaise conscience vague d'ailleurs. A partir du moment où l'on vous affirme que vous êtes à votre manière responsable de tout, vous pressentez que vous ne l'êtes de rien. La faim des enfants du Bangladesh constitue certes un problème grave. Mais la télévision a la possibilité de le transformer en un spectacle d'horreur. Impossible de rester indifférent devant les successions d'images qui visent moins à reproduire la réalité qu'à provoquer une crispation émotionnelle. Le spectateur sort fatigué, écœuré, mal à l'aise avec lui-même. Il enregistre, coupe le poste parce qu'il faut bien aller se coucher. Et oublie. On ne lui a, en réalité, donné aucun sentiment de co-responsabilité. Il sait qu'il n'y peut rien. Mais par-delà son oubli, et son indifférence, demeure dans le tréfonds de sa conscience, le pressentiment d'une laideur définitive du monde. Grand-mère nous introduisait dans une fausse irréalité qui fondait une vision du réel : la télévision nous jette dans un univers d'horreur qui est en fait totalement irréel. Car il nous faut bien aller au fond du problème, abandonner la télévision, et nous demander quelle part de responsabilité nous avons dans les atrocités qui se déroulent quelque part dans le monde, les famines du Sahel, voire le comportement de M. Amin Dada.

Je choisirai pour me faire bien comprendre, de m'étendre quelque peu sur le cas du dictateur africain. Pourquoi ? Parce qu'il est probablement le plus difficile à analyser. D'une certaine manière, Amin Dada est le produit de la colonisation et de la décolonisation. Donc, nous ne sommes pas tout à fait innocents de ce que fait ce tyran qui aurait laissé Shakespeare pantois. J'ignore si M. Amin Dada sera encore vivant lorsque ces lignes paraîtront. N'empêche ! Il aura existé, il aura soulevé l'indignation et l'épouvante de millions d'hommes dans le monde, il aura même, pendant quelque temps, amusé une partie des Africains qui trouvaient très drôle cette manière qu'avait le chef de l'Ouganda d'humilier la reine d'Angleterre et les citoyens britanniques, qui pendant quelques siècles en avaient fait autant vis-à-vis du monde noir.

Et après ? Qu'est-ce qu'un garçon de vingt ans, né à Bourg-en-Bresse ou dans le 15ᵉ arrondissement, peut faire pour empêcher Amin Dada de massacrer à tort et à travers ? Rien. Rigoureusement rien. Pas plus qu'il n'est responsable de la famine du Bangladesh ou de la terreur stalinienne. Il hérite tout simplement d'un monde tout à la fois admirable et affreux. Et pour les mêmes raisons. Parce que depuis des milliers d'années, les hommes l'ont conquis, façonné, qu'ils ont parfois réussi et parfois échoué. Bref, personne n'est responsable (malgré toutes les sottises mondialistes proférées à tout bout de champ), de ce qui se déroule très loin de lui ou de ce qui a commencé avant qu'il soit né.

Cette proposition a deux avantages. D'abord elle est rigoureusement incontestable, ce qui n'est pas négligeable. Ensuite — et surtout — elle vise à débarrasser l'esprit de cette mauvaise conscience diffuse qui fait de tout homme, aujourd'hui, un coupable.

Permettez que j'insiste. Mine de rien, je suis en train de passer ici, et avec des airs de ne pas y toucher, sur un problème gigantesque. Des tas de philosophes très sérieux s'y sont cassé les dents. Le père Hegel en a fait l'une des poutres maîtresses de toute sa réflexion sur l'esprit humain. Donc, je ne vais pas toucher à l'échafaudage, d'autant plus qu'il est branlant, j'aurais bien trop peur que la poutre, le plafond et l'espèce de tour Montparnasse qui est au-dessus, ne me dégringolent sur la tête. Mais enfin, le problème vaut bien quelques lignes.

La mauvaise conscience n'est peut-être pas un

élément nécessaire de toute réflexion. La découverte de la solitude de l'autre, la découverte de l'autre, la découverte qu'il y a un toi et un moi fondent la charité, pas la mauvaise conscience. En d'autres termes, l'amour, pas le remords.

La mauvaise conscience, cette espèce de remords indifférencié et collectif, est une création européenne. Elle est le produit de multiples sources : le judéo-christianisme, personne ne songe à le nier, puisqu'il a mis en forme l'idée de faute (mais aussi celle de rémission) ; elle est aussi la résultante de la philosophie des Lumières (il y eut un âge d'or, et il y aura un autre âge d'or. Seul le présent est gris) ; enfin, elle a été poussée à sa limite extrême par toutes les philosophies surgies de la Révolution française. Donc, ce n'est pas un sentiment qui précède nécessairement la découverte du juste et de l'injuste, c'est un vautour qui ronge le foie de la vieille Europe depuis plusieurs siècles.

Que la mauvaise conscience ait été l'une des racines de ce que l'on a appelé le progrès humain (la volonté de changer, la volonté de se dépasser, la volonté d'abolir les injustices), c'est probable. Mais trop, c'est trop. Prométhée avait bien de la veine : son foie repoussait. Donc le vautour avait ce qu'il lui fallait pour se nourrir et Prométhée était toujours au même endroit. La vieille Europe n'est pas aussi solide que le dieu grec. A force de se couvrir de cendres, elle va finir par se réduire en cendres. Il va donc falloir en finir avec la mauvaise conscience. Ce qui ne veut pas dire se résigner à l'injustice. Simplement ceci : que les hommes ne sont pas responsables de l'histoire qu'ils n'ont pas faite. Ils se débrouillent avec ses conséquences. Et ce n'est déjà pas si mal. Les

Allemands de vingt ans n'ont pas à avoir le complexe d'Hitler, les dirigeants espagnols d'aujourd'hui n'ont rien à voir avec la guerre civile, vous êtes indemnes de la collaboration comme de la Résistance. Si l'on vous conteste ce droit, ne discutez pas : affirmez, et tapez sur la table. Sinon, vous n'en sortirez pas. Mal connue, mal appréciée, l'histoire est une glu. Pour s'en débarrasser, il faut ou en devenir amoureux ou décider qu'on l'ignore. Pas de position intermédiaire.

Donc, vous êtes innocents.

Notez bien que la proposition se renverse. Si vous n'êtes pas responsables de ce qui se passe à l'autre bout du monde, vous l'êtes — et au plus haut point — de ce qui se passe autour de vous. On racontait, il y a quelques années, l'histoire d'un journaliste de gauche qui prenait toujours la parole dans les meetings contre l'enfance abandonnée. On précisait même que pour faire son intervention à l'heure il n'aurait pas hésité à écraser un enfant sur le chemin qui le conduisait de son domicile — du 8e arrondissement — au palais de la Mutualité. C'était une blague, mais une blague exemplaire. Le Christ — qui n'était pas bête — avait parfaitement vu le problème, lorsqu'il avait introduit la notion de « prochain ». Inutile de se torturer pour le Bangladesh si dans la vie courante on se comporte, vis-à-vis de ses subordonnés, comme un patron du XIXe siècle ou comme un chef de service du XXe. Les vraies responsabilités commencent là. Et pas ailleurs. Bien entendu, ce sont des problèmes qui intéressent beaucoup moins, parce qu'ils sont peut-être solubles pour pas cher; il suffit, avant de songer à transformer la société (ou en même temps), de se changer soi-même. C'est évidemment beaucoup plus difficile.

★

Bref, mes chers petits, ce que les quinquagénaires et les professeurs ont oublié de vous dire, ce que les média et vos copains ignorent, c'est que vous êtes radicalement innocents de tout. Vous héritez d'un monde, il est à prendre tel quel, à transformer si cela vous chante; mais vous ne recevrez pas en même temps le poids des sottises accumulées par vos prédécesseurs. Quoi? Vous voulez me faire le coup d'Adam? La faute originelle qui se transmet de génération en génération. On rigole ou on cause sérieusement? Vous tenez vraiment à ce que je vous explique pourquoi le mal continue et les salauds sont toujours là? Comme si vous ne le saviez pas. Bon. Vous l'aurez voulu.

Il y aura encore du mal, il y aura demain tout autant de salauds qu'aujourd'hui, parce que beaucoup d'entre vous vont être médiocres et que quelques-uns d'entre vous seront des gangsters (ce qui n'est pas très grave) ou des crapules de l'esprit (ce qui l'est bien davantage). Donc, faites excuse, mais vous allez réinventer le mal; comme tout le monde. L'histoire d'Adam n'a pas d'autre signification.

Mais, pour le moment? Eh bien, une fois encore, je vous affirme que vous devez redécouvrir le sentiment de l'innocence. C'est la clef d'or qui ouvre la porte du bonheur. Réfléchissons ensemble, voulez-vous? Évacué ce sentiment de culpabilité, que reste-t-il?

Un paysage de rêve; une planète qui doit faire

rêver les Vénusiens ; des rues illuminées lorsque la nuit descend ; des foules qui sortent du métro ; des hommes et des femmes qui se croisent ; des chiens qui aboient aux portes des fermes ; des truites qui sortent des pierres, glissent sous l'eau et sous la lune ; d'autres continents et des milliers d'îles ; la gelée blanche qui durcit l'herbe aux petites aubes ; des bistrots pleins de visages et d'odeurs où vous attendent, ronronnants, les flippers multicolores ; des vendredis soir qui ont des parfums de vacances ; ces copains avec qui l'on travaille et avec qui, plus souvent qu'on ne l'avoue, on rigole ; le trésor de ses propres souvenirs et la fringale de l'avenir ; bref, la vie. Vous n'aimez pas ? Alors, changez de planète. Ou du moins cessez de vous raconter des histoires. Vous aimez beaucoup. Comme tout le monde. Permettez une confidence, vite faite. Il m'est arrivé, comme à un nombre considérable d'automobilistes, d'expédier la voiture que je conduisais contre une sacrée camionnette d'un autre âge, c'est-à-dire construite en tôle forte. Nuit sans brouillard. Odeurs des cliniques et des hôpitaux, déjeuners fades avalés trop tôt, fatigue des visites que pourtant l'on attend, ennui, ennui. Et tout cela pendant des semaines. Ajoutez-y le dialogue que l'on sait truqué avec les médecins, l'incertitude pendant des jours et des jours sur le sort de l'autre : est-il vivant, est-il mort ?

Un beau matin, Annette[1] et moi, nous nous sommes retrouvés, elle en civière et moi sur béquilles, devant un petit avion d'Europ Assistance qui nous expédiait dans une débauche de tubes et de cadrans, vers Évian où une clinique

1. Annette, c'est ma femme.

dûment enregistrée par la Sécurité sociale allait nous garder ensemble quelques mois, histoire de nous refaire une santé. La fenêtre ne donnait pas sur le lac et de toute manière, nous ne pouvions guère bouger. Ce n'était pas mal quand même. Plus de soucis, pas de travail, rien. Des branches derrière des carreaux, les bruits de la clinique qui remplacent parfaitement une horloge et une télé pour occuper les soirées. Enfin, des piles de livres. Pourquoi, diable, raconté-je cela ? Mais tout simplement parce que depuis ce jour-là, chaque fois que je me réveille, j'ai l'extrême satisfaction de penser que je suis vivant. C'est du « rab », comprenez-vous ? Les plaques de soleil sous les sapins, l'écureuil que j'ai entr'aperçu tout à l'heure, assis sur son derrière, en train de remuer le nez, de se frotter les pattes de devant, le mouvement lent du soleil dans le ciel, l'araignée qui tisse sa toile à deux mètres cinquante de moi, tout cela est miraculeux. Vous me direz que je n'avais pas besoin d'un accident de bagnole pour savoir cela. Certes. Et je le savais avant. Mais on le perçoit mieux après.

Vous pourriez me faire remarquer que puisque je crois à la résurrection, et à ce qu'on appelait, lorsque j'étais gosse, le paradis, je devrais me moquer totalement de vivre ou de mourir. Faites excuse. Le paradis, comme l'enfer, pour un vieux chrétien, commence ici-bas. Il n'y a guère de solution de continuité. Le mystère de la résurrection n'est pas au-delà de la mort, il commence dès ici-bas et maintenant. Et c'est pourquoi mon araignée qui danse devant moi fait déjà partie du paradis. Bien entendu je ne vous demande pas de me suivre. Nous sommes là tellement au cœur du problème, du seul problème décisif, que je me garderai de l'aborder. Il y en a d'autres qui l'ont fait beaucoup mieux que moi, tout particulièrement l'un d'entre eux, il y a deux mille ans devant la tombe d'un de ses copains qui s'appelait Lazare, et il n'y a vraiment rien à ajouter, Lazare est à prendre ou à laisser tel quel. Je sais bien que l'esprit humain, tel que nous le connaissons à ce jour, est incapable d'appréhender le mystère de Lazare. Mais je ferai seulement remarquer qu'il est tout aussi incapable de pénétrer — ne fût-ce que d'un millimètre — dans le mystère de la mort.

Donc, le bonheur est là. Donc j'accuse les petits malins qui ont inventé la formule «métro-boulot-dodo», d'avoir des yeux et de ne pas voir, des oreilles et de ne pas entendre. Je reprends à mon compte «métro-boulot-dodo». Tout ce que, dit-on, les gens de vingt ans contestent : l'univers des villes et celui des bureaux, l'angoissante monotonie de la semaine et la vacuité des week-ends, l'attente indéfinie des vacances, leur inévitable ratage, qui laisse dans la bouche un goût amer. Et je déclare simplement que l'allégresse de la vie est cachée là-dessous, que n'importe qui peut la découvrir à condition de bien vouloir se baisser.

Je me fous de vous ou je manque d'imagination ? Allons donc! Ce sont les autres qui vous font marcher et c'est vous qui manquez d'imagination. Le mystère, le merveilleux, sont là à portée de main. L'exotisme, ce n'est pas le rêve d'une autre vie et d'un autre monde. Vous ne trouverez pas le bonheur à Tahiti, à Rio, à San Francisco ou à Camberra. A Tahiti, vous découvrirez que la vie est chère et la permanence du soleil finira par vous donner une envie morbide d'automne. Vous ne saurez plus ce qu'est le froid, l'odeur des feux, le givre. Vous regretterez l'Europe, comme dit l'autre, avec ou sans parapet. A Rio, vous resterez assis devant l'étalage de la misère et de la somptuosité des arbres et de la mer. Mais vous découvrirez bien vite que là aussi il faut se déplacer, travailler, manger, dormir. Et ces plages infinies, au sud de la ville, vous paraîtront ennuyeuses et sales. Allons ! Ai-je besoin de continuer ? Faut-il que je m'étende sur San Francisco (entre nous, allez-y les gars ! vous n'avez pas si mal choisi. C'est une des plus belles villes du monde. Expédiez-y Giscard. Il verra qu'il existe là-bas des tours et qu'elles sont d'une incroyable beauté. Que ce n'est pas le béton qui est laid, mais l'esprit de l'homme lorsqu'il se montre incapable avec ce matériau qui en vaut bien d'autres, de réinventer la beauté) et sur Camberra ? Passons. D'autant plus que je n'ai jamais mis les pieds à Camberra. Peut-être irai-je un jour ? Quelle est la couleur du ciel à Camberra ?

Petit aveu. Je ne déteste pas les expéditions lointaines, l'océan des nuages sous les ailes des avions, les odeurs inconnues qui envahissent le nez, les poumons à l'instant même où les portes des cylindres de métal s'ouvrent sur l'inconnu. J'ignore tout de ce que Sartre a qualifié un jour « d'ennui des grands voyages ». Une phrase de riches, qui a filé par mégarde sous la plume de l'intellectuel comblé.

Donc, il y a du merveilleux ailleurs. Mais il y en a ici, tout autant. Il y en a partout. Et c'est parce que les imbéciles ignorent cette évidence qu'ils n'en finissent pas de changer d'illusion. Voulez-vous que je vous raconte la course effrénée entre les imbéciles et l'exotisme ? Elle est exemplaire de ce qu'est la quête du merveilleux au XXe siècle.

Quoi ? Vous voulez savoir qui sont pour moi les imbéciles ? Mais les riches, est-il besoin de le préciser ? Vous semblez étonnés. Une déclaration qui vous paraît avoir une vague saveur de gauche et qui détonne dans ma bouche. Reconnaissez que je n'en abuse pas. Mais enfin, les choses étant ce qu'elles sont, pourquoi là encore ne pas reconnaître l'évidence ? Je n'aime guère les riches, leurs manières de parler, leurs manières de manger, leurs manières d'être. Pas à cause de la richesse mais parce qu'elle les entraîne à tout coup sur la voie du mépris. Et le mépris n'est ni de droite ni de gauche. Hélas ! il est partout. On peut être riche et se proclamer de gauche. On peut être inscrit au Parti socialiste, tendance C.E.R.E.S., et cribler de ses flèches la gouvernante de ses enfants « qui est vraiment impossible ». Qu'est-ce qui constitue *le riche* ? L'argent, certes. Mais quelque chose en plus. Le riche, c'est fondamentalement celui qui ne se mélange pas. Peut-être ne faut-il pas lui en vouloir. Il ne sait comment parler avec les autres. Parfois, il va vers le peuple comme l'ethnologue va aux Dogons. L'un est regardé, l'autre regarde. Donc, aucune communication entre les deux groupes. Il arrive même que la séparation ait quelque chose de pathétique. Est-il besoin de donner un seul exemple ? Il est là sous notre nez à tous. Valéry Giscard d'Estaing croit qu'il aime le peuple. Mais il ne le rencontrera jamais. Il est d'une autre essence. Personne, jamais, ne va au peuple. On *est* du peuple ou on ne l'est pas. C'est une grâce de naissance, qui vaut bien celle des fausses aristocraties. Car il n'existe qu'une aristocratie, vraie, celle de l'esprit. Les riches y ont rarement accès.

Nous sommes donc en gros d'accord sur la définition du mot « imbécile ». Quel est le problème qui les hante depuis le début du siècle ? Il n'a rien de métaphysique. Il tient en une question : où diable peut-on aller en vacances ? Fin XIXe, début XXe, il y a toujours la propriété de famille, du côté de la Normandie ou de la Loire. Ce n'était pas tout à fait des vacances, c'était des grandes vacances. Quelque chose de tout différent.

La course aux loisirs, aux vacances, dans le sens moderne du mot, commence avec Deauville, avant la guerre de 1914. La grande bourgeoisie s'y trempe jusqu'aux mollets. Pas davantage. L'eau est froide, la pudeur généralisée. Et il s'agit bien moins de regarder la mer que de se faire contempler par ceux qui sont là. Entre les deux guerres, Deauville s'encanaille ; Stavisky y a ses habitudes. Décidément, l'endroit devient déplaisant. Où se réfugier ? Heureusement, les Anglais — toujours pleins d'imagination — inventent, à peu près à ce moment-là, la Côte d'Azur. Les bonnes familles se retrouvent du côté de la baie de Villefranche-Corne d'Or. Les imbéciles se déplacent mais restent entre eux.

Coup de tonnerre. En 1936, le Front populaire invente les congés payés. Formidable décision qui à elle seule justifie l'ébranlement social. Tout le monde, du coup, part à la découverte de la France. Comme les ouvriers, à l'époque, n'ont pas d'argent (ils n'en ont pas beaucoup plus maintenant ; mais ils disposent d'une voiture ce qui change tout), ils s'en vont chez le cousin resté en Auvergne ou en Bretagne ; ceux qui n'ont plus de cousins découvrent les plaisirs de la bicyclette et du camping. Passé l'épisode 39-45, la Méditerranée fait une percée irréversible dans l'imaginaire et tout le monde se retrouve sur la route de Saint-Tropez. Les riches y achètent, vite fait, une résidence secondaire, parce que c'est tout de même là qu'il faut se faire voir. Et les autres, bons bougres, se précipitent justement pout admirer les premiers. La France cherche Brigitte. Formidables embouteillages. Des odeurs de frites encombrent la terrasse de Sénéquier. Les gens chics qui ont l'odorat sensible, murmurent : « Que la Côte était belle, lorsqu'elle était à nous. » Ils ajoutent en confidence : « Ces gens un peu vulgaires dans leurs petites voitures, polluent les plages bien davantage que les boues rouges. »

Voilà la mode qui s'inverse ; le bord de mer est conquis par la basse classe moyenne, comme disent les Américains. Elle déferle d'ailleurs, la basse classe. On lui a chuchoté que la mer était moins chère de l'autre côté des Pyrénées. Elle hésite : passer les Pyrénées ? Sortir de « cheu nous » ? Parfums grisants d'économie et d'exotisme. Les Pyrénées craquent. Ça déferle par colonnes sur la Costa Brava. Le besoin de la mer a fait sortir les Français de chez eux. Et voilà qu'ils découvrent que la France n'est pas seule au monde. Une date décisive. Ils partent à la découverte du monde. Ils iront à partir de cette date n'importe où, de plus en plus loin. Une deuxième fois dans son histoire, l'Espagne a ouvert la porte des nouveaux mondes aux Européens casaniers mais curieux.

Pendant ce temps les fortunes refluent sur l'arrière-pays. Pas si bêtes : l'arrière-pays est admirable, Giono l'avait toujours su mais ce n'était pas la mode, de monter vers Manosque. Vous notez la vitesse de déplacement du merveilleux : les campagnes du Val de Loire, Deauville, la Côte d'Azur, l'arrière-pays de la Côte, etc. Car la quête continue. Aux alentours des années 70, la mode étant à la lutte contre la pollution, et à l'adoration des arbres, la grande bourgeoisie redécouvre la campagne. Le Lot part en tête, talonné par la Dordogne. D'ailleurs, toute l'Auvergne se redresse spectaculairement. Bizarre : les gens riches sont en train de croiser, à trente ans d'intervalle, ceux qui le sont le moins. Ils découvrent la campagne au moment où les autres n'ont plus guère envie d'y aller.

La quête du merveilleux ne s'arrête pas là. Voilà que la fine fleur de la société découvre les plaisirs de la marche à pied. Rien n'est plus chic que de traverser la France le long d'immenses chemins creux oubliés par le progrès, mais toujours surveillés par l'Administration des Eaux et Forêts qui, elle, échappe à toutes les modes parce qu'elle participe au monde figé de la répétition : elle cure les fossés et entretient les sentes.

En définitive, où est-il, le merveilleux ? Chez ceux qui vont faire des safaris au creux de l'Afrique ou chez leurs parents qui descendent à pied les anciennes routes du roy ? Chez ceux qui n'en finissent pas de s'émerveiller une fois l'an devant la mer que leur enfance a ignorée ou chez ceux qui restent à Paris au mois d'août pour explorer les merveilles d'une ville étrange qu'ils n'avaient jamais regardée ?

Il n'y a vraiment pas grand-chose à ajouter. La quête de l'exotisme est une parabole; le merveilleux est là-bas, il est aussi ici. A une seule condition : observer l'«ici» comme si c'était un «là-bas».

Au fond je pourrais maintenant arrêter ma petite démonstration. Mais il subsisterait un malentendu entre nous. Non pas que vous soyez en désaccord avec moi. Qu'il y ait une imposture dans la quête d'un bonheur caché derrière la lune ou derrière le temps, vous l'avez toujours su. Que le merveilleux soit moins dans le spectacle qui vous entoure que dans le regard que vous jetez sur lui, cela aussi vous l'aviez pressenti ; mais ce que vous vous demandez c'est le nom de la potion magique qui permet d'observer le monde avec d'autres yeux ? Par instants vous avez compris qu'il n'existait qu'un choix radical : ou bien l'ennui ou bien l'émerveillement. Et que ce choix ne dépendait ni du spectacle ni du moment mais tout simplement d'une décision de l'esprit. Mais pourquoi choisir l'un plutôt que l'autre ?

Qu'est-ce qui fait que l'on aime ou que l'on déteste la vie ?

Faites excuse, camarades, c'est une question à laquelle je ne répondrai pas. Ce secret-là ne se transmet pas. Le produit n'est en vente ni dans les supermarchés ni dans les pharmacies ; d'ailleurs il ne s'achète pas, il se donne ; ce n'est pas une fleur qui pousse au sud des îles Seychelles ; lorsque la brise se lève elle ne produit pas une note cristalline capable de renouveler la musique. Oui ! C'est un truc. Le truc des trucs en somme.

Quoi ? Je me moque de vous ? Je refuse de conclure, je m'en tire par une pirouette ? Mais non, mais non. Simplement j'essaie de vous faire comprendre que le secret est *indicible*. Si je l'exprime, vous ne comprendrez pas. Vous ne pourrez pas comprendre. On ne le repasse pas à l'autre, on le découvre soi-même. Tenez. Je vais faire un effort. Je vais vous donner une vague indication. Il y a un chemin qui mène au bonheur. Et vous l'avez dans votre tête parcouru cent fois. Enfant, vous vous y êtes aventuré dans les minutes qui précèdent le sommeil. Vous ne vous souvenez pas ? C'est embêtant, cela. Car qui perd l'esprit d'enfance ne retrouvera pas le chemin. Allons ! faites un effort, tentez de vous souvenir. Quelqu'un vous a indiqué la piste lorsque vous aviez quinze ans. Le grand Meaulnes, lorsque à travers un enchevêtrement de champs, de haies, de bois, de vallons, de petits matins givrés, il s'est acheminé vers le domaine de la fête étrange. Il n'y a pas de carte, direz-vous ? Je m'en tire avec la magie des mots et le goût de la littérature ? Pas du tout : le château d'Yvonne de Galais est au bout de l'impasse, derrière la colline, à l'étage au-dessus, dans ce terrain vague, derrière la porte de ce café-tabac, dans l'angle droit de votre chambre là où le soleil ne vient jamais, ou dans cet autre où parfois il vient.

Bref, cherchez et vous trouverez. Mais attention ! Si je maintiens que le bonheur est à portée de votre main, je n'ai pas dit qu'on l'obtenait sans prix. Nous allons voir cela tout à l'heure. Mais rassurez-vous : le prix à payer ne se calcule ni en francs, ni en dollars, ni en barils de pétrole. L'unité de compte du bonheur c'est la décision de ne plus jamais confondre les mots et les choses, l'accessoire et l'essentiel. Et d'abord se débarrasser des illusions. Commençons par la première : elle s'appelle politique et c'est une espèce d'ortie de l'esprit.

IV

De la politique comme drogue, comme imposture et comme nécessité

IL était une fois, à l'aube de ce siècle, un personnage bizarre et prolixe dont le temps a presque effacé le nom et qui s'appelait Charles Maurras. C'était le penseur de l'extrême droite française. Chaque matin il rédigeait dans un quotidien apparemment distingué et secrètement venimeux, qui se dénommait *L'Action française*, d'immenses articles intelligents, faux et illisibles, que la fraction dite éclairée de la bourgeoisie feignait d'absorber avec passion. Bien entendu peu de gens lisaient en réalité Maurras : ses papiers étaient bien trop longs et ce qu'il racontait trop abstrait. Les plus malins avaient bien distingué que le bonhomme était encore, mine de rien et à sa manière, l'un des fils spirituels de l'immense père Hegel. Mais c'était là un détail qu'il valait mieux ne pas rapporter aux bonnes familles chrétiennes pour qui Maurras était une espèce de prophète. Passons. D'autant plus que le père Maurras est aujourd'hui (à peu près) oublié. Qui se souvient que le jeune Malraux a préfacé une œuvre de Maurras ? Qui connaît le mot formidable de cet athée impénitent, quelques instants avant sa mort ? Il ouvre les yeux, ses pupilles s'animent et ceux qui l'entourent sentent qu'il va se passer quelque chose. Soudain, lui qui se tait depuis des heures, il parle, détachant syllabe après syllabe : « J'entends quelqu'un qui vient », murmure-t-il. Puis il meurt.

Bref le personnage ne devait pas manquer de couleur. Je dis « devait », afin de préciser à mes aimables lecteurs que Maurras n'appartient pas à ma génération. Même pas à celle de mon père. Approximativement à celle de mon grand-père. En somme pour les gens d'aujourd'hui qui ignorent et se moquent comme d'une guigne de l'histoire, c'était en gros un contemporain de Philippe le Bel et de Louis XIV. On est donc en droit de se demander par quel méandre de la réflexion il a pu atterrir entre les pages de ce petit livre destiné à la nouvelle génération. Attendez donc ! Vous êtes toujours trop pressés. Si je suis allé chercher Maurras c'est parce que cet homme d'extrême droite est au fond le père réel de la religion de gauche, telle qu'elle est pratiquée aujourd'hui par une partie des gens de vingt ans. Quoi ? On chahute, on proteste, on siffle ? Ça va de soi. Un moment s'il vous plaît. Mon seul objectif est de vous signaler que Maurras a inventé un mot qui allait faire fortune et qui est bel et bien le cri de guerre de notre époque : « Politique d'abord. »

Je comprends votre surprise. Pour vous c'est la gauche qui affirme que tout est politique, et la droite qui proclame que tout ne l'est pas. C'est la gauche qui, dans sa rigueur, dévoile, sous le comportement du chauffeur de taxi et de la concierge des intentions politiques cachées.

Certes, certes. Mais c'est une chanson nouvelle. Dans les temps lointains, la droite discernait la politique partout et exigeait qu'elle soit un primat absolu, la gauche, ignorant quelque peu le réalisme apparent des rapports de forces, se battait pour M. Dreyfus, simplement parce qu'il était accusé à tort ; et accusé parce que juif. M. Jaurès ne faisait pas cette guerre au nom de la lutte des classes. Il la faisait même contre elle puisque M. Dreyfus était un officier « bourgeois » ; ne venez pas me dire que je m'arrange avec l'histoire. Le pauvre Jaurès a eu assez de difficultés à convaincre le comité directeur du parti socialiste de l'époque. Il a même si vous voulez tout savoir pris la décision seul, sans demander l'avis de ses copains parce qu'il le connaissait d'avance. Il a donc « grillé » les instances juridiques de son parti parce qu'il croyait à la justice. Et comme, par la suite, il est devenu évident qu'il avait eu raison, la gauche de son parti a gommé son hostilité première. Jaurès est devenu un héros national. Et un jeune homme de droite l'a remercié en l'assassinant. Donc la fascination de la politique était alors une maladie de la droite ; la hantise de l'homme, la motivation principale de la gauche.

Bien entendu le pauvre Maurras n'imaginait pas que son cri de guerre « Politique d'abord » franchirait un beau matin le rideau de mots qui, en France, sépare éternellement la droite de la gauche. Pourtant, c'est chose faite. La politique aujourd'hui a tout envahi et le moindre préadulte de quinze ans qui aurait l'indécence de déclarer à l'un de ses professeurs qu'il se moque de la politique comme de son premier rhume, récolterait immédiatement un zéro mérité.

M. Haby, ministre de l'Éducation nationale, a mis il y a quelques mois les pieds dans le plat à ce propos. Mais un ministre ne peut tout dire. En général il suggère. Permettez-moi d'être un peu plus clair que M. Haby, n'en déplaise à tous les enseignants de France qui ont oublié la règle d'or de la IIIe République : la laïcité.

La farce commence au lycée, aux alentours de la troisième. Probablement parce que dans les étages inférieurs, les insupportables gosses, qui n'ont décidément pas de manières, font comprendre que le sujet les ennuie, qu'ils n'y entendent rien, qu'ils voudraient bien, en somme, qu'on leur parle d'autre chose. La politique, ils connaissent : c'est l'un des sujets qui interrompt chaque soir, à la télévision, les merveilleuses séquences — trop courtes, hélas ! pour eux — de la « pub ». Les gosses aiment la pub et détestent la politique. J'admets que le phénomène soit regrettable. Mais c'est comme ça.

Dès qu'on aborde les classes qui précèdent l'inévitable baccalauréat, la machine à répéter les sornettes se met en marche. Sur les cinq ou six professeurs qui enseignent aux chers petits, il y en a un ou deux — au minimum — qui ont adhéré à la religion de l'époque et qui préfèrent diffuser sa « vulgate » que s'appesantir sur l'orthographe.

Ils ne font pas de politique, ils *appartiennent* à la politique. Pour la première fois, depuis 1847-1848, ils marchent côte à côte avec l'aumônier du lycée, lorsqu'il en reste un, le vicaire préposé aux activités des jeunes, lorsque la paroisse estime que ce problème doit encore être traité.

L'un comme l'autre, ils se ruent sur l'actualité ; et si possible, l'actualité sanglante, cette matrice de l'homme de demain. Le professeur et l'aumônier, qui se voudraient apolitiques, auraient le sentiment de manquer à leurs fonctions. Et ceux d'entre eux qui restent fidèles à la vieille règle ont vaguement le sentiment d'être coupables.

Les prophètes politiques de l'enseignement, enseignent donc aux élèves de troisième, de seconde et de première, l'Irlande, le Bangladesh, le Vietnam, le Liban et le Programme commun. Qu'importe que ces sujets ne soient pas prévus par les services du ministère, puisqu'il faut de toute urgence former des citoyens ? Le jeune Dupont préparera pour mercredi prochain un exposé sur la guerre du Liban. Tête de Dupont Théodule. Il rentre chez lui en se grattant la tête, se met en quête de quelques-uns des journaux de la semaine, soigneusement rangés par sa mère qui sait, de toute éternité, qu'il ne faut pas jeter les vieux journaux. S'il a la chance de pouvoir coincer son père entre deux émissions de T.V., il lui fait part de sa préoccupation. Le père, agacé, résume ce qu'il a entendu en écoutant la radio le matin. Et Théodule Dupont sur la base de ces informations, du Petit Larousse illustré, d'un vieux numéro de *France-Soir* tente d'imaginer la multiple splendeur et l'horreur infinie de cette guerre au Moyen-Orient. Il comprend que le Liban est au bout de la Méditerranée, qu'il est habité par des chrétiens et des musulmans, que les seconds sont pauvres alors que les premiers sont riches, qu'un beau matin les pauvres se sont mis à tirer sur les riches, et que ceux-ci ont riposté. Bref, qu'il est sorti de tout cela une affreuse guerre civile, que Beyrouth — la capitale — a été réduite en cendres. Amen.

Si le jeune homme ne patauge pas trop, s'il a

bien écouté la télévision et lu le journal, gageons qu'il décrochera la moyenne. A la condition que son exposé soit résolument et subtilement engagé. Pas question de brouiller les cartes. Le professeur veut des schémas moraux, pas la vérité. Supposons que le petit soit doué, et qu'il entre dans les détails : il découvre par exemple qu'il y avait des musulmans libanais et des musulmans palestiniens. Que la plupart des camps palestiniens étaient simultanément des zones de misère affreuse et des blockhaus puissants cachés sous des haillons ; supposez qu'il apprenne que les Égyptiens ont fourni en armes les chrétiens au début de l'affaire, puis les Palestiniens beaucoup plus tard c'est-à-dire au moment où les Syriens venaient au secours des chrétiens... Je m'arrête. Vous n'y comprenez plus grand-chose, le professeur non plus d'ailleurs et je n'ai pas fait le dixième du chemin vers l'exposé des faits tels qu'ils se sont déroulés.

Mais il y a un malentendu. Le professeur n'a aucune envie d'apprendre l'historique réel de l'atroce et complexe affaire libanaise. Et s'il ne veut pas apprendre c'est parce qu'il croit qu'il sait. Or qui détient le savoir possède le pouvoir. Donc le professeur politisé est à la fois enseignant, clerc et prophète. Qu'est-ce qu'il sait ? Que le monde se divise entre bons et méchants. Les bons sont les pauvres, les méchants sont les riches. Notez bien qu'à ce niveau du raisonnement je suis plutôt de l'avis du professeur et de l'aumônier. Mais comme tout le monde a compris le procédé, un bon nombre de méchants se sont camouflés en pauvres. C'est l'une des difficultés majeures de notre époque. Si vous ne me croyez pas, essayez de vous convaincre, pour passer le temps, que Staline était réellement du côté des pauvres.

Bien entendu pas question de brouiller la tête de notre professeur engagé. Il tient à son explication simple parce qu'elle lui permet d'interpréter le monde. Donc en ce qui concerne le Liban, les pauvres étant musulmans et les riches, chrétiens — ce qui est la vérité —, les premiers avaient raison, et les seconds tort — ce qui mérite réflexion. A partir de cette analyse en effet tout s'ordonne. On gomme l'intervention syrienne qui risque de compliquer le raisonnement et chacun une fois de plus est prié de choisir son camp.

Je me moque de vous, je caricature ? Mais non. L'histoire est arrivée à ma fille. A ceci près qu'il y avait dans la classe où cette aventure s'est déroulée, une fille de quinze ans, chrétienne, réfugiée du Liban depuis trois mois et dont le père était phalangiste. Elle n'a pu supporter la mise en accusation publique d'un homme dont elle se demandait chaque soir s'il était vivant ou mort et elle quitta la classe en pleurant. C'est un cas exceptionnel, dira-t-on. Tiens donc ! Lorsqu'il ne s'agit pas du Liban, il s'agit de la réforme Haby, du plan Barre, du Programme commun ou de n'importe quoi.

Je me garde d'instruire un quelconque procès des professeurs. Il y a quinze ans il ne leur serait jamais venu à l'idée de se comporter de cette manière. Fils spirituels de l'admirable religion laïque qui avait séparé d'un coup d'épée le royaume de César et le royaume de Dieu aux alentours de 1905, ils distinguaient absolument le domaine de leurs opinions et celui de leurs enseignements. Et ils tenaient à cette séparation. Il y avait d'un côté ce qui appartenait à la République, de l'autre ce qui était les biens propres des citoyens. On ne les aurait pas fait changer d'attitude pour un trésor.

Las ! Il y a eu 68. Les pauvres gens ont crevé de trouille ; les pauvres professeurs du secondaire ont assisté avec stupéfaction à la mise au pilori, par les étudiants, des professeurs d'université. Dégringolade des mandarins. Entre nous les professeurs du secondaire ont, à l'époque, trouvé l'affaire assez distrayante dans la mesure où l'orage ne crevait pas sur leur tête. Et quelques-uns d'entre eux estimaient que les mandarins universitaires ne l'avaient pas volé.

Mais quelques années plus tard, il leur fallut déchanter : l'épidémie politique atteignait les lycées ; il fallait mettre à mort le gentil Joseph Fontanet, plus tard le solide René Haby, bref le ministre en exercice. Meeting dans les classes, sitting dans les cours, toutes sortes de manifestations bizarres directement importées des U.S.A. avec le Coca-Cola, le chewing-gum et le pop ravageaient le macadam de nos lycées. En gros l'école s'est couchée et la politique est entrée en force dans l'enseignement scolaire. La laïcité avait vécu et ce n'était pas l'Église qui l'avait fait tomber.

Notez bien que cette histoire ne me scandalise guère. Bien entendu il va en sortir des générations pseudo-politisées à l'extrême et qui vont perdre dix ans à dégringoler sur terre. Mais enfin la race est solide. J'ai la conviction que les gens de vingt ans s'en remettront. D'autant plus que ceux de seize ont déjà trouvé la parade et c'est pour cela que j'adore ce pays, que je m'obstine à penser qu'il est plus malin que les niais qui passent leur temps pour des raisons de standing à essayer de l'égorger, bref qu'il y a de la morale là-dessous.

Car qu'est-ce que font les gens de quinze ans ces temps-ci ? Ils sécrètent en quantité formidable des anticorps. La politique a rejoint Corneille dans les programmes ? Alors, qu'elle sombre dans l'indifférence qui déjà recouvre les héros du bourgeois de Rouen. Le Cid et Castro deviennent aussi irréels l'un que l'autre, aussi casse-pieds, aussi vagues. A une différence près : le Cid avait, dit-on, seize ans et était amoureux de Chimène qui en avait quatorze ou quinze. C'est tout de même assez sympathique. A cette époque, pensent les enfants, ils n'hésitaient pas à commencer tôt. Au contraire Castro leur paraît relativement ennuyeux ; il habite dans une île, fort belle dit-on, mais il n'est amoureux de personne, il ne fabrique que du sucre et des soldats. Un peu barbant, M. Castro.

C'est un signe. Lorsque la politique appartenait au domaine des jeux interdits, elle était parée des séductions du péché. Or il n'y a, dit-on, plus de péché, plus de jeux interdits. Les gens de quinze ans n'ont donc plus envie de la politique, et commencent à lui faire des pieds de nez. C'est ce que j'appelle un anticorps. Reconnaissons toutefois que ce n'est pas la meilleure méthode pour stopper le déferlement de la sottise. Car en vérité ce que l'on enseigne aux jeunes gens et aux jeunes filles en leur disant qu'il s'agit de politique n'a rien à voir avec ce que recouvre en réalité le mot lui-même. Dans ce domaine comme dans les autres la mode est au mensonge.

★

Il m'est arrivé comme à tous ceux qu'on désigne sous le terme ridicule d'adultes d'avoir de longues discussions avec de superbes jeunes gens politisés comme on dit. Les arguments échangés de part et d'autre n'avaient pas grand sens, puisque nous ne parlions pas de la même chose. Pour moi la situation était d'autant plus délicate que je connaissais convenablement le sujet. Je n'y ai pas le moindre mérite. Je suis payé (au mois) pour suivre les événements politiques, savoir aussi précisément que possible ce qui se passe à l'intérieur du clan gaulliste (ce qui n'est pas très difficile) et du parti communiste (ce qui l'est davantage). J'ai la chance ou la malchance de pouvoir rencontrer des ministres, des chefs d'État, qu'ils appartiennent à des pays de l'Est ou à des nations occidentales. Bien entendu ils me mentent. Mais leurs mensonges sont codés et je connais approximativement ce qu'ils révèlent. Bref je vis *dans la politique* ; elle ne me fascine pas, elle ne m'écœure pas davantage. A l'extrême rigueur et si je n'avais rien d'autre à faire je pourrais devenir un professeur, non pas de sciences politiques — Dieu m'en garde — mais de réalités politiques.

Du coup la discussion entre les militants et moi était inégale. Mais ce n'était pas là qu'était le problème. Car dans toute la mesure du possible je me gardais de *savoir*. Non par précaution ou par habileté. Mais tout simplement parce que je ne *sais* pas.

Comment faire comprendre cette évidence ? Disons pour aller vite que les données du jeu politique au niveau mondial — il n'y en a pas d'autre — sont d'une extrême complexité. M. Brejnev ne sait pas tout, M. Carter pas davantage,

M. Giscard d'Estaing bien moins. Tout le monde avance dans le brouillard, tâtant le sol pour savoir s'il est fait de terre ou d'eau. Bref les zones d'incertitude sont multiples. Personne dans le domaine politique ne peut prétendre au savoir absolu.

J'entends déjà les objections. Si je ne *sais* pas, c'est parce que je me promène à la surface des choses, que je confonds l'accessoire et l'essentiel, l'épisodique et le fondamental. Et mes interlocuteurs soucieux se demanderaient s'il ne faut pas coûte que coûte me recycler. Mille regrets. Je suis, comme disait Sartre, «irrécupérable». Parce qu'il n'y a qu'une chose dont je suis sûr, c'est que les lois politiques n'existent pas ou ne sont pas encore connues.

Et là je vais essayer de me faire comprendre très simplement. De la manière la plus claire. C'est-à-dire en commettant une demi-faute professionnelle. Je vais vendre la mèche et expliquer aux gens de vingt ans quelque chose qu'ils semblent ignorer et que leurs professeurs ne soupçonnent même pas. Je vais leur livrer une des clefs du jeu politique.

Cette clef la voici. Il n'y a pas dans le domaine politique un langage mais deux. Il y a celui pour les masses comme on dit à l'est du monde et à gauche, celui pour l'opinion publique comme on dit à l'ouest et à droite; et il y a l'autre, à l'intention des initiés, c'est-à-dire les chefs de partis importants, les ministres clefs, les chefs d'État et leur entourage direct.

Exemples. Je me garderais de les choisir dans les pays occidentaux. Tout le monde est bien convaincu, dans cette partie du monde, que les dirigeants racontent des histoires. Je les choisirai donc à l'Est. Et pas dans le domaine des libertés. Ce serait trop simple, puisque chacun admet aujourd'hui que tout ne va pas pour le mieux dans ce domaine à l'intérieur de ce qu'il faut bien appeler l'empire soviétique. Je m'en tiendrai à des cas prosaïquement économiques. Les professeurs pleins de bonne volonté qui expliquent aux jeunes gens ce qu'est la planification dans les pays de l'Est, mentionnent que dans ces contrées admirables il n'y a ni chômage, ni inflation, ni hausse des prix. Et presque jamais dans un texte officiel les dirigeants de ces pays ne reconnaîtront que sur ces points, comme sur la plupart des autres, ils trichent.

Mais lorsqu'il arrive à un journaliste de rencontrer des responsables vraiment importants de ces pays, le discours change. Pourquoi? Pour deux raisons.

La première c'est que ces personnalités considèrent qu'il est vain de trop tricher avec nous. Nous sommes considérés d'emblée comme *initiés*. Les mensonges trop gros ne passeraient pas. La discussion serait close rapidement et nous écririons en revenant que l'on s'est moqué de nous. Bien entendu on nous supprimerait nos visas pendant quelques mois. Puis de subtiles négociations entre journaux et ambassades aboutiraient à la conclusion qu'il y a malentendu, qu'il est temps de rétablir des relations cordiales. Et les rapports recommenceraient.

En général, actuellement, cette étape est franchie d'emblée. Donc la tricherie sur ce qui n'est pas tout à fait l'essentiel est évitée. Les responsables polonais, hongrois, reconnaissent qu'ils se débattent comme l'Occident dans les conséquences de la crise mondiale de l'énergie et des matières premières, qu'ils doivent faire face à une inflation forte, qu'ils ne subsistent économiquement que grâce aux importations massives en provenance des pays occidentaux, etc. Et si le journaliste devient précis dans ses questions, s'il laisse entendre qu'il est déjà bien informé de la situation vraie, alors on va plus loin encore et on lui confie quelques chiffres vrais.

Le paradoxe c'est que notre brave enquêteur ne pourra utiliser ces confidences qu'avec une extrême prudence. Il serait purement et simplement démenti. Et cette fois il ne pourrait plus revenir dans le pays en question. On l'informe parce qu'il fait partie des initiés. Mais à la condition qu'il respecte les règles du jeu. Et il les respectera. Pourquoi ? Tout simplement parce qu'il ignore les conséquences dans le pays en question des informations qu'il pourrait révéler. Chacun sait là-bas *qui* il a rencontré. Il ne serait donc pas difficile à la police de remonter les filières. Ce n'est pas par lâcheté professionnelle que le journaliste ne révèle qu'une partie de ce qu'il sait lorsqu'il revient d'un pays de l'Est. C'est tout simplement parce qu'il se sent quelque peu *responsable.* Il tentera donc de faire comprendre ce qu'il a vu et entendu. Il ne pourra ni citer ses sources ni donner de précisions.

La deuxième raison pour laquelle les responsables des pays de l'Est éviteront de trop mentir à notre journaliste, c'est parce qu'ils le considèrent comme tout à fait indifférent au discours idéologique. Eux n'y croient plus et depuis longtemps. Or ils savent — parce qu'ils disposent de fiches — que leur interlocuteur est imperméable à cette pluie de mots et de raisonnements baptisée dialectique. Donc inutile de perdre son temps. Parlons réalité.

Bref le journaliste ne rencontre plus l'idéologie à l'Est, mais il la retrouve lorsqu'il parle aux gens de vingt ans dans son propre pays. L'effet produit est saisissant. Il est plus facile pour un journaliste, tout simplement honnête, de parler avec un ministre polonais qu'avec un lycéen de terminale. Entre les deux premiers il existe un accord implicite sur la quantité de mensonge acceptable et la quantité de vérité que l'on échange. Mais entre le journaliste et le lycéen, le discours est presque impossible. Le lycéen ou l'étudiant dispose déjà d'une vision globale de l'histoire alors que le journaliste, qui sait vaguement de quoi il parle, n'a aucun moyen de convaincre son interlocuteur de la vérité des faits qu'il rapporte.

Bien entendu cette situation n'est pas durable. Il suffit pour le journaliste d'être patient et de donner rendez-vous à son interlocuteur cinq ans plus tard. A ce moment-là mystérieusement le jeune homme a généralement changé de refrain. Souvent, hélas ! il est globalement dégoûté de la politique dans son ensemble parce qu'il a le sentiment que tout le monde lui a menti, qu'il a été stupidement utilisé, qu'il a perdu son temps dans une succession de réunions, de distributions de tracts et d'assemblées générales durant lesquelles on lui a fait dire n'importe quoi. Bref un résultat catastrophique, qui découle de l'incroyable naïveté politique de bon nombre d'enseignants.

★

Alors quoi ! dir -t-on. Si vous admettez que la politique sans être l'essentiel est importante, si vous ne désirez pas que l'on recommence à fabriquer des jeunes gens et des jeunes filles parfaitement ignorants de ce qui se joue au niveau de la paix et de la guerre, que proposez-vous pour sortir de cette jolie contradiction ?

Je suggère trois principes simples. Je *suggère* simplement. Parce qu'il n'y a pas de recette ; pas de règle absolue. Contrairement à ce qu'affirment aujourd'hui bon nombre d'enseignants et de curés, il est possible de vivre en refusant absolument de participer au jeu politique. Socrate : « Si depuis longtemps j'avais entrepris de faire de la politique, il y a longtemps que ma perte serait chose accomplie et que je n'aurais pu être utile, ni à vous, ni à moi-même. » C'est clair et net. Et cela sort de la bouche d'un homme qui va bel et bien être exécuté pour des raisons politiques. Un immense mystère que Maurice Clavel dénoue en partie dans son livre sur Socrate : *Nous l'avons tous tué.*

Socrate ne suffit pas ? Eh bien, voyons Jésus : « Mon royaume n'est pas de ce monde. » Encore un apolitique. Et lui aussi sera condamné à mort et exécuté par un tribunal où se mêleront inextricablement la prudence des autorités d'occupation, la haine des habitants de Jérusalem, le sentiment que le Christ doit mourir parce qu'il a, *politiquement,* trahi tout le monde.

Donc, inutile de prétendre que tous les apolitiques sont lâches. Il y en a quelques-uns qui mènent droit à la mort. Sans doute parce qu'ils portent en eux un poids de subversion presque inimaginable. Parce qu'ils se fondent sur un certain refus de ce monde-ci, tel qu'il est. Ou, pour être encore plus clair : parce qu'il y a quelque chose au-dessus de l'art et de la politique. L'essentiel se situe hors du champ de la politique. Donc, proposer des règles du comportement politique, c'est énoncer des vérités secondaires. Rien de plus.

Deuxième remarque préliminaire pour expliquer ma prudence : la politique est difficile à enseigner. L'économie s'apprend, la sociologie aussi et la stratégie tout autant. Les techniques de la propagande peuvent être décomposées et relativement vérifiées. Mais pas la politique. Si l'on en veut une preuve simple, j'avancerai celle-là : nous disposons en 1977 d'un matériel d'information sans commune mesure avec celui qu'utilisaient nos parents, et nos grands-parents entre les deux guerres. A lui seul le système des sondages dont personne ne met en doute la valeur relative, devrait modifier radicalement l'attitude des dirigeants politiques. Or voilà le paradoxe : un très bon président du Conseil de la IIIe République — il y en eut — sentait souvent mieux l'opinion publique que les dirigeants français actuels. On appelait cela le «pif»; c'était une certaine manière de sentir la France, de savoir ce qu'elle désirait dans ses profondeurs ; un certain art pour juger de la qualité des interlocuteurs. Churchill n'était pas sans défaut; mais il n'a pas eu besoin de longues explications pour comprendre *qui* était Hitler. S'il avait disposé de sondages sur la popularité du Führer, il n'aurait pas été plus avancé. Il savait simplement qu'il fallait faire la guerre et la gagner; et qu'il en serait capable. Ce genre de chose, est-il besoin de le préciser, ne s'enseigne pas.

Ces deux précautions prises et à l'usage de tous

ceux qui veulent avoir, comme on dit, une conscience politique, je propose trois règles : gardez-vous d'accepter quelque idéologie que ce soit, ne vous laissez jamais enrégimenter même si vous appartenez à un parti, doutez de toute affirmation et essayez de la vérifier.

Inutile de s'étendre sur les idéologies. Il y a seulement dix ans, cinq ans, elles proliféraient comme champignons à l'automne. Aujourd'hui toutes les idéologies crèvent, il ne demeure que des empires et des doutes.

Cela les enseignants ne le savent pas encore parce qu'ils sont toujours en retard non pas d'un train mais de quatre ou cinq. S'ils étaient un peu mieux informés, un peu plus sensibles aux vents qui se lèvent, ils observeraient avec soin ce qui se passe du côté de l'intelligentsia ; par là, c'est à qui dégonflera les baudruches. Mao est mort et l'impératrice s'est évanouie. Les maoïstes français ont pour la plupart compris qu'en matière d'interprétation de la révolution culturelle Simon Leys avait raison contre tous les autres. Vous ne savez pas qui est Simon Leys ? Eh bien lisez-le.

La vieille religion communiste ne se porte pas mieux. Soljénitsyne, dont beaucoup voudraient bien se débarrasser, a fait passer un souffle glacial sur l'immense armée des rêveurs. Et le P.C., lui-même, a été obligé du bout des lèvres de reconnaître qu'il y avait eu des camps. Oh ! le chiffre des morts par famine, purges et incarcérations n'est toujours pas connu du grand public, même si on le trouve dans les ouvrages des spécialistes anglais aussi bien que dans ceux des rescapés : de vingt millions, chiffre le plus bas, à soixante ou cent, chiffres les plus hauts. Ce détail, les enseignants l'omettent. Et les jeunes gens, du coup, le nient. Question de temps : cette vérité-là finira aussi par passer. Il suffit désormais d'être patient. Du coup le marxisme ne fascine plus guère et c'est à qui annoncera qu'il fut avec le nazisme la plus sanglante imposture de notre temps.

On me rétorquera que je ne manque pas d'illusions en écrivant cela au moment même où 54 p. 100, paraît-il, des Français s'apprêtent à voter pour deux partis qui se proclament l'un et l'autre marxistes. Mais les partis sont comme les enseignants : ils retardent. Leurs dirigeants les plus malins n'ignorent pas que subtilement l'air du temps est en train de changer. Mais ils ne vont pas en prendre acte publiquement à deux doigts du succès. Le pouvoir vaut bien la vérité, si Paris valait une messe.

Quant aux militants, ils ignorent les phénomènes bizarres qui agitent l'intelligentsia. Ils ont bien tort. Lorsque celle-ci commence à avoir des vapeurs, c'est que la situation change profondément. La grande masse des Français comprendra dans peu de temps que l'époque des idéologies est morte. Ce sera probablement trop tard et nous paierons ce retard intellectuel décisif par un joyeux mélange de régression, de turbulence et de chaos. Raison de plus pour prendre ses distances dès maintenant vis-à-vis de toute idéologie. Il faut choisir entre l'idéologie et la politique. La première est toujours le camouflage de la seconde, voilà la règle d'or.

Ne vous laissez pas enrégimenter. Jamais. Nulle part. Et par qui que ce soit. Cette époque, vous a-t-on dit, appartient aux masses. C'est un assez joli mensonge. Elle appartient en réalité aux solitaires, à ceux qui savent dire non et que les slogans laissent de marbre. Tous les slogans. Non pas uniquement ceux que déversent les partis et les gouvernements. Mais aussi ceux qui dégoulinent des postes de radio, des écrans de télévision et de la bouche de vos copains. L'«enrégimentement» ce n'est pas d'entrer dans un parti ou un syndicat. S'engager est parfois un acte d'homme libre. L'enrégimentement intellectuel, c'est-à-dire celui qui toujours aura des conséquences dramatiques, c'est de croire ce que vont vous raconter les dirigeants du parti ou du syndicat. Car ce sont eux, obligatoirement, les hommes du double langage. Ils ont un discours pour leurs militants et un autre pour les initiés. Donc faites-vous une raison : dans un premier temps si vous avez payé votre cotisation vous faites partie de la masse de manœuvre, rien de plus. Les virages stratégiques essentiels ne vous seront pas soumis. Vous les apprendrez un beau matin. M. Marchais n'a pas consulté les sections du Parti communiste lorsqu'il a déclaré au Club de la Presse d'Europe N° 1, qu'à certaines conditions il accepterait l'élection de l'assemblée européenne au suffrage universel. Et le pauvre Jean Kanapa qui, croyez-moi, fait pourtant partie des initiés, a sans doute regretté d'avoir huit jours auparavant dit exactement le contraire. Pas de chance pour lui. C'est un exemple au milieu de mille autres. Bref ne livrez pas votre âme, elle n'appartient qu'à vous. C'est une belle chose que l'âme, même si on ne la voit pas. A condition de la conserver. Les grandes machines politiques de notre époque sont des filets à papillons pour les âmes. Elles les captent et les gardent. Faust au moins a vendu la sienne contre la jeunesse. Mais vous, vous allez faire l'inverse, si vous ne m'écoutez pas : livrer votre jeunesse contre rien.

Vous lisez ces lignes, vous soupçonnez que je n'ai pas tout à fait tort et en même temps vous ressentez un vague malaise. Peut-on entrer dans un parti sans croire ce qu'il dit ? Et si cette gageure est impossible, est-on condamné à agir seul ?

Réponse à la deuxième objection d'abord. La solitude est une illusion. On est toujours beaucoup moins seul politiquement qu'on ne le croit. Ce que l'on pressent à un moment déterminé, des centaines, des milliers de gens le découvrent en même temps que vous. Donc n'hésitez jamais à dire tout haut et avec mesure ce que vous pensez. A cette minute-là vous découvrirez que vous n'étiez pas seul.

Quant à la possibilité de garder sa liberté de jugement à l'intérieur d'une organisation, j'avoue que ce n'est pas très commode. Disons que ce sport est réservé à de solides tempéraments. Car il faut avoir l'âme chevillée au corps pour accepter d'être minoritaire sans claquer la porte. Il faut avoir l'habitude des nuits sans sommeil pour rester dans une commission des résolutions jusqu'à l'heure où commence la magouille décisive qui va faire passer un texte plutôt qu'un autre, c'est-à-dire une ligne politique plutôt qu'une autre. Ces choses-là se jouent sur les cinq heures du matin et, croyez-moi, entre professionnels. Toutes les cartes sont biseautées et cela dans tous les partis, dans toutes les organisations. Mais si vous avez de la patience et de l'habileté vous pouvez progressivement entrer dans le cercle des initiés, c'est-à-dire dans celui qui biseaute les cartes. Ça ne vous plaît pas ? Ce n'est pas cela que vous espériez ? Alors n'y allez pas. Il y a bien d'autres moyens d'avoir une influence politique dans ce monde que celui qui consiste à se faire 2e classe dans une armée d'ombres. Généralement être soi-même suffit.

Dernière suggestion : doutez de tout. Rien de scandaleux là-dedans. C'est exactement l'attitude du savant : il se méfie de ce que l'on dit, il demande des preuves et des confirmations. Ce n'est pas parce que toutes les radios de l'époque annonçaient à pleine voix qu'à Munich en 1938 MM. Daladier et Chamberlain avaient sauvé la paix, que la paix était sauvée. Le monde s'en est aperçu exactement un an plus tard. Mais ce n'est pas non plus parce que Munich était une illusion qu'il faut condamner tous ceux qui ont espéré qu'un an de gagné, c'était peut-être la paix. Et si durant cette année, Hitler était mort d'une crise cardiaque ? Bref en ce domaine rien n'est tout à fait sûr, personne n'est certain d'avoir tout à fait raison. Et puisque la politique est l'un de ces domaines où la part de l'aléatoire et de l'incertain est immense, raison de plus pour demeurer méfiant.

Ce n'est pas gai, gai ce que je vous raconte. C'est démobilisateur, comme on dit ? Tant mieux. Les cimetières du XXe siècle sont remplis de croisés qui se sont trompés de dieux. Peut-être est-il temps d'arrêter le massacre. Et n'imaginez pas une minute que je prêche ici une attitude de repli. Lorsque les choses deviennent réellement sérieuses personne ne s'y trompe. Il y a des guerres qu'il faut faire et d'autres qu'il faut refuser. Et il n'existe aucun moyen intellectuel qui permette de savoir d'avance où sont les bonnes et où sont les mauvaises.

Bref, je prends la politique au sérieux. Elle domine notre époque. Elle a fait de ce siècle le plus moyenâgeux de l'histoire. Les armées, nous le savons maintenant, sont bien moins totalitaires que les grandes organisations politiques. Je suggère de se méfier des unes comme des autres. Ce que l'on appelle conscience politique commence justement avec la décision de pratiquer ce doute méthodologique.

V

Destiné prioritairement aux jeunes filles

De la libération sexuelle comme piège pour les femmes.

Franchement je ne me sens pas très rassuré en pénétrant sur ce champ de mines. Le sujet est tabou. Ou plus exactement on ne peut l'aborder qu'à condition de dire la même chose que tout le monde. C'est-à-dire, pour résumer : la femme appartient au deuxième sexe. Depuis la plus haute antiquité elle a été dominée par l'homme qui l'a toujours considérée comme un objet : objet de plaisir et de charme plus machine à laver la vaisselle. Cette soumission plusieurs fois millénaire est tout juste en train de prendre fin. Au fur et à mesure que les années passent, la femme conquiert un statut qui lui permettra sans doute de devenir une personne. Mais ce sera au prix d'une lutte acharnée. Tout relâchement serait une capitulation. Jusqu'ici la terre a été faite pour les hommes. Il est temps que la femme se taille l'espace vital auquel elle a droit.

Loin de moi l'idée de réfuter ce discours. Certes, il est historiquement approximatif. La réhabilitation de la femme ne prend pas sa source dans l'action des mouvements féministes anglo-saxons à la fin du XIXe siècle, elle commence avec le christianisme. Que cela plaise ou non. La sanctification de la mère, sa participation à l'agonie du Fils, l'entrée des putains dans l'Église, tout cela est joué et acquis dans les Évangiles. Marie Madeleine s'approchant du Christ a précédé de 2000 ans Ulla prenant la tête de ses compagnes pour chercher asile dans la maison de Dieu. Tout cela était esquissé dès cette époque. Passons sur ce fameux Moyen Age qui a vu l'émergence de la femme non seulement dans la politique mais à la tête des États. Et suggérons que le statut moderne de la femme date bien davantage du XIXe siècle industriel que de la tradition chrétienne.

Mais enfin tout cela est de l'ordre des historiens. Passé les criailleries actuelles on en reviendra à une vision plus exacte de ce que fut réellement le rôle de la femme dans l'histoire.

N'empêche. Il était temps que l'on se décide à reconnaître aux femmes les droits qu'elles n'avaient jamais eus d'après les uns, qu'elles avaient perdus d'après d'autres, qu'on leur avait enlevés d'après les derniers. Indispensable qu'elles puissent rester des femmes et simultanément travailler; que leurs salaires cessent d'être différents de celui des hommes; que l'on admette qu'il n'existe pratiquement aucun métier, aucun rôle, aucune situation qu'une femme ne puisse tenir aussi bien ou aussi mal qu'un homme; bref une révolution dans les mœurs et les comportements, dans la législation et dans la structure salariale, était nécessaire là aussi. Elle est tout juste commencée. Il faut la poursuivre avec obstination et gentillesse. Elle bouleversera progressivement l'univers dans lequel nous vivons, probablement pour le meilleur plutôt que pour le pire. Tout cela est vrai. Mais ce n'est pas tout à fait mon sujet.

Mon ambition est plus limitée. J'ai envie de m'adresser aux jeunes filles, ce qui n'est pas un sujet facile. Quelques-unes seront immédiatement excédées par mes propos. Elles le diront. La plupart des autres conviendront au fond d'elles-mêmes que je n'ai peut-être pas tout à fait tort. Elles ne l'avoueront pas. Et je leur pardonne. La pression du climat intellectuel dans lequel elles vivent, le concert des média, les stéréotypes fabriqués par la littérature et le cinéma ont une telle force qu'elles n'oseront pas avouer leur approbation. Elles déclareront que je ne comprends rien à cette époque admirable. Ce qui n'est peut-être pas faux. Elles en déduiront, pour ne pas ressembler à Bécassine, que j'ai tort : ce qui ne va pas de soi. Que Dieu me protège pour ce que je vais maintenant oser écrire. J'ai le sentiment que je ne m'en relèverai pas.

Mesdemoiselles, les hommes vous ont piégées. Le coup a été admirablement joué. La preuve? Vous ne vous en êtes pas aperçues. Pas un livre, pas un essai, pas un débat télévisé qui en vingt ans ait suggéré ce qui me paraît pourtant être une évidence. Quel silence! La date et le lieu du débarquement n'ont pas à ce point été tenus secrets. Il faut dire que l'enjeu était de taille : à la condition qu'ils feignent d'être vaincus, les hommes dans la grande partie que vous aviez engagée étaient gagnants sur toute la ligne. Une seule condition : qu'ils se taisent. Pour la première fois dans leur histoire depuis la Création ils sont donc demeurés muets.

Notez bien que les hommes ne sont pas malins. Ils n'ont pas programmé l'opération, puis le secret. Comme ils sont profondément conservateurs ils ont au début grommelé, protesté, ils se sont fait tirer la jambe, ils ont ricané de vos efforts. Bref, ils ont eu l'air d'être contre, contre vos efforts de libération, parce qu'ils étaient réactionnaires. Du coup vous avez été justifiées dans votre assaut. Donc sans le vouloir ces messieurs ont été habiles : puisqu'ils protestaient c'est que vos coups frappaient juste, avez-vous pensé.

Mais les mois, les années passèrent. Vos maris, vos copains et vos fils se résignaient à l'inévitable. Ils sont conservateurs, mais pas stupides. Et surtout ils ressemblent aux rats sur un point essentiel : leur capacité d'adaptation est presque sans limite. C'est d'ailleurs pourquoi l'espèce ratine et l'espèce humaine se portent toutes deux convenablement. Donc ces messieurs prenaient acte que vous aviez décidé de changer. Que vous ne seriez plus jamais comme vos mères et surtout vos grand-mères, que vous entendiez conduire vos vies — ce qui ne les préoccupait pas trop —, mais aussi vos amours — ce qui les intéressait au plus haut point — comme vous l'entendiez. Alors les hommes ont opéré un virage stratégique digne de Clausewitz et ils vous ont piégées.

Pour le moment vous ne comprenez rien à ce que je vous raconte. Ou tout au moins vous faites semblant. Un peu de patience. Je vais mettre les points sur les «i». Vous vouliez être l'égale des hommes. Vous ne le serez jamais. Pas plus que l'homme ne sera jamais l'égal de la femme. Nous sommes différents et tout le monde le sait. Rien de scandaleux là-dedans. En ce qui me concerne, étant résolument hétérosexuel — et sans la moindre hostilité pour ceux qui ne le sont pas — je vous trouve en général plus belles que nous. Ce n'est qu'une opinion. Par contre — c'est une certitude — votre moyenne de vie est supérieure à la nôtre. Entre nous c'est d'une inégalité flagrante. Je me demande pourquoi le groupe socialiste n'a pas demandé à l'Assemblée l'ouverture d'un débat sur ce sujet. Peut-être a-t-il eu peur du ridicule. Mais dans ce cas c'est que tout le monde admet l'existence de *différences*. Biologiquement nous sommes *autres*.

Elles ont leur importance ces différences. Et très exactement sur le sujet qui me préoccupe ici. Car les hommes s'étaient indiscutablement arrogé le droit depuis la plus haute antiquité de faire l'amour lorsqu'ils en avaient envie. Sous la république romaine, tout au moins dans ses débuts, ils pouvaient même répudier leur femme. Les Romaines avaient trouvé le procédé excessif et combattu ferme pour l'abolition de cette loi qui leur semblait scandaleuse. Elles avaient assez vite réussi à modifier le droit. Ce qui entre nous prouve que dès cette époque elles ne manquaient ni d'imagination ni d'influence. Les Romains du coup avaient inventé le mariage, sanctionné par la loi. Il existait même différents procédés aboutissant au mariage. Ce n'était pas parfait mais cela fournissait aux femmes une relative protection sociale comme on dit maintenant.

Je montre le bout de mon nez : le mariage dans la république romaine aurait été l'un des premiers actes de la libération de la femme, le seul truc qui ait été trouvé alors pour se protéger contre la toute-puissance de l'homme. Déjà les sourcils se froncent autour de moi : je ne vais tout de même pas défendre le mariage, cette vieille lune. Je n'y peux rien. Je maintiens qu'à Rome, l'invention du mariage a été décidée en faveur des femmes et des enfants contre les hommes. J'admets parfaitement que dans certains cas le mariage soit une prison, que l'allongement de la moyenne de vie ait modifié les rapports homme-femme. Mais sur le point essentiel je ne vois aucune raison de me voiler la face : le mariage sous la république romaine protégeait les femmes. Je ne vois pas ce qui aujourd'hui permet d'affirmer que, sans lui, elles soient mieux défendues qu'autrefois.

Bien entendu le christianisme a été beaucoup plus loin. Il a arraché le mariage au domaine de la loi civile et il en a fait un sacrement. Non pas donné par le prêtre mais, je me permets de vous le rappeler, par les époux eux-mêmes. Le prêtre bénit la décision, rien de plus. C'est l'homme et la femme qui décident seuls et librement de leur union. Ce n'est pas l'homme seul qui dit oui. Il y a deux oui ou bien rien ne tient.

Bien entendu les hommes s'en sont arrangé. Ils ont inventé les concubines, les rois ont pris des maîtresses, et les bourgeois du XIXe siècle ont fréquenté les loges des plus grands théâtres. Pour ceux qui manquaient de fortune, on a inventé les bordels. L'institution familiale fonctionnait tant bien que mal protégée par le Code civil qui s'occupait surtout de la protection des enfants, madame vivait à la maison et monsieur sortait le soir. C'était une hypocrisie tolérée, mais une hypocrisie tout de même et de taille. Que vous ayez trouvé un beau matin l'ensemble de ces mœurs franchement scandaleuses et en tout cas inégalitaires, c'était le bon sens. Donc vous avez revendiqué et obtenu les mêmes droits que les hommes.

C'est exactement à ce moment qu'est intervenu ce soleil de la sexualité libérée : la pilule. Tant qu'elle n'existait pas, aussi bizarre que cela puisse vous paraître, vous étiez simultanément fragile et protégée. Fragile parce que c'est vous et vous seule qui preniez le risque ultime : c'est-à-dire celui de payer votre bonheur d'un instant de ce prix miraculeux et exorbitant : un enfant. Protégée parce que cette crainte vous suggérait une relative prudence, parce que vous n'étiez jamais très sûre que votre grand amour d'un soir n'allait pas quelques jours plus tard et surtout s'il vous arrivait un « accident » comme on disait alors, partir à la recherche des allumettes. On sait que les hommes lorsqu'ils se livrent à cette chasse ont bien des difficultés, semble-t-il, à découvrir le bureau de tabac, puisqu'un certain nombre d'entre eux ne reviennent jamais.

Mais cette atmosphère de prudence, avouons-le, atteignait un certain nombre de partenaires masculins. Après tout bon nombre d'entre eux n'étaient pas tout à fait des irresponsables.

Vous noterez en passant que je me garde de parler de la notion de péché. Non pas que je sous-estime son rôle historique. Mais les Églises manifestement ont largement pataugé de ce côté-là, elles ont créé — le catholicisme tout particulièrement — une espèce de tabou autour des relations sexuelles qui n'a pas eu que des avantages. On peut raisonnablement se demander s'il n'existe pas une relation assez mystérieuse entre la vieille hantise occidentale de la mauvaise conscience et la vision chrétienne de la sexualité telle qu'elle existe au moins depuis le concile de Trente. Mais ceci est une autre histoire. Constatons simplement que l'obnubilation sur le sexe comme racine de la faute était déjà en plein déclin, lorsque la pilule est apparue.

Avec elle la crainte de l'enfant non voulu s'évanouissait. Vous étiez libres. Don Juan cessait d'être un héros typiquement masculin. Vous pouviez choisir à votre tour cette morale de la conquête (et du désespoir) qui avait été depuis des siècles l'apanage des hommes.

Je ne doute pas que quelques-unes d'entre vous n'aient été fascinées par cette indépendance toute neuve. Les romans, les bandes dessinées et les films vous affirmaient que vous pouviez conquérir et rejeter, partir à la conquête du seul plaisir en feignant l'amour puis en déclarant qu'il est une bulle, un nuage, un miroir aux alouettes, en somme que vous étiez maintenant en état d'inverser les rôles du dialogue amoureux. Quelques-unes d'entre vous se sont lancées à l'assaut derrière les mythes conjoints et différents de Brigitte Bardot et de Marilyn Monroe. Et les hommes, formidables d'hypocrisie, ont paru foudroyés. Or, ils se portaient bien, croyez-moi.

Car eux savaient que le piège venait de se refermer sur vous. Vous étiez libres. Sans nul doute. Et l'homme n'y voyait aucun inconvénient. *Tout simplement parce qu'il l'était bien plus que vous.* Vous vouliez être son égale? Qu'à cela ne tienne. Il allait être le grand gagnant de ce changement décisif de mentalité. Puisque vous ne couriez plus de risque, il a estimé qu'il ne vous devait plus rien. Plaisir contre plaisir. Moyennant quoi il n'avait plus qu'à se transformer en papillon. Les fleurs au printemps sont innombrables dans les champs. Il suffit de courir de l'une à l'autre. Toute la tricherie une fois de plus portait sur le mot «risque». Lui ne risquait pas grand-chose, vous beaucoup. Le risque de l'amour n'est pas seulement dans l'enfant. Seigneur! Pourquoi faut-il dire de telles évidences?

Notez bien que personne ne peut vous reprocher votre erreur. Les média en étaient aux roulements de tambour concernant la sexualité. C'était à qui dévoilerait les petits secrets nocturnes du rapport homme-femme. Les arbres, les rochers pointus, les épées, les cannes devenaient des sexes d'hommes; les huîtres, les lacs, les mers, des sexes de femmes. Le dur et le mouillé, etc. C'était un déballage superbe mais d'une grande monotonie. Une affaire financière aussi : le judéo-christianisme dont il fallait libérer le bon peuple pour qu'il accède au plaisir payait cash en dollars.

L'embêtant c'est que quelqu'un avait disparu dans une trappe : la tendresse, le mystère des regards, la douceur de deux mains qui s'effleurent, Stendhal et Lamartine. Quoi? Vous faites la moue. Vous allez m'expédier Werther dans les jambes comme une torpille? Je vous abandonne Werther. Et je vous traite gentiment de tricheuse. Car ce qu'il y a là-dessous, ce n'est tout de même pas négligeable. C'est même la seule chose qui peut résister au temps. La tendresse ou la solitude, la bourse ou la vie. De tout cela on ne parlait plus. C'était devenu indécent. Le sexe était libéré, c'était le sentiment qui était devenu tabou. Décidément cette époque est l'une des plus grandes farces de l'histoire.

Vous allez me répondre que je caricature, que ce qui se passe dans les têtes n'est pas aussi simple, que les rapports ne se font et ne se défont pas de cette manière. Je crains que cette dénégation de jeunes femmes ne soit pas très honnête. En vérité au fond de vous-mêmes vous n'avez pas tellement changé. Pour la plupart d'entre vous, vous rêvez toujours d'un grand amour. Ah ! vous ne l'avouerez pas ! Et vous n'êtes pas Iseult ! D'autant plus que l'histoire se termine mal. Mais enfin, certains soirs, vous aimeriez bien rencontrer Tristan et savoir comment l'on fabrique ce fameux breuvage. Au fond de vos rêves et dans les chansons que vous fredonnez, je retrouve la vieille idée de l'amour, la plus ancienne, pas celle fabriquée par le monde grec, celle inventée ne vous en déplaise par le christianisme à ses débuts et magnifiée par l'amour courtois aux alentours du XIIe siècle.

C'est là que l'astuce des hommes a été fulgurante. Ils ont compris que ce rêve était le dernier obstacle entre vous et la conquête multiple sans responsabilité ni sanction. Car le grand amour leur fait peur, ils préfèrent infiniment l'amour fou. Le premier est une aventure longue, difficile et donc admirable ; le second est un fulgurant éclair dans la nuit de la quotidienneté, d'autant plus violent qu'il ne dure que quelques jours. Sans le dire vous en êtes encore à Iseult et Tristan — et à mon humble avis c'est vous qui avez raison ; eux préfèrent de loin le mythe moderne parfaitement incarné dans le film *Brève Rencontre* : tout commence et s'achève entre deux trains. Le bonheur n'est plus un astre immobile, simplement une comète. Elle passe aussi vite qu'elle est venue et il suffit d'attendre qu'une autre monte à l'horizon.

Il fallait donc pour les hommes faire dégringoler vos derniers rêves. Ils s'y sont pris avec une grande subtilité. Problème : comment assassiner les fées ? Non pas en démontrant qu'elles n'existent pas. C'est un moyen de les mettre en colère et chacun sait que les fées en colère reviennent en force et multiplient les farces aux heures où la nuit tombe. Donc ce n'est pas la bonne méthode. Il suffit de convaincre les derniers rêveurs que la croyance aux fées est la preuve d'une grande débilité mentale, que si l'on veut être de son temps, il faut se libérer — toujours la libération — de ces contes d'un autre âge.

Cette fois le piège était bien tendu. Ces messieurs ont mis le paquet comme on dit. Ils ont tout utilisé : les films, les romans, les chansons. Vous ne me croyez pas : *Je t'aime, moi non plus.* Ce n'est pas un refrain, c'est une morale. En d'autres termes : « Cesse de parler d'amour ; ce n'est pas de cela qu'il s'agit. Ce sont les imbéciles qui croient à l'amour. Les gens intelligents comme toi ou comme moi, savent que rien ne dure, que les sentiments sont des songes, que je te désire et toi aussi. Ni plus ni moins. N'est-ce pas que j'ai raison ? »

Imparable. Ou bien la jeune fille répond que l'amour lui paraît quelque chose d'un peu plus grave et elle dégringole immédiatement dans le camp des imbéciles, pas fichue de se libérer de la morale archaïque de papa-maman ; ou bien elle n'est pas une imbécile et en ce cas elle ne fait pas tant d'histoires, bonjour-bonsoir, le septième ciel est à portée d'ascenseur et après copain-copain. Le truc marche à tous les coups. Il est même tellement au point que si, au lendemain de la petite aventure, mademoiselle sanglote de tristesse et dans son coin, elle essaiera par tous les moyens que personne ne le sache. Elle aurait peur d'avoir l'air d'une gourde. Cachez Iseult que je ne saurais voir.

Vous allez me répondre que je me moque du monde. Que les jeunes gens ne sont pas aussi salauds, les jeunes fille aussi niaises. Que mine de rien je suis en train de tenter de reconquérir le terrain perdu par la vieille morale judéo-chrétienne, que je ferais bien d'aller m'acheter un manuel de sexologie et de me recycler vite fait.

Pas de chance. Je n'ai aucune envie de me recycler. Je suis décidé à me battre sur ces positions avec le froid entêtement des imbéciles. Et cela pour deux raisons, l'une irréfutable et scandaleuse; l'autre contestable et mystérieuse.

Commençons par celle qui est irréfutable. J'annonce la couleur : l'égalité sexuelle des hommes et des femmes n'existe pas. Mesdemoiselles, dans ce combat entre hommes et femmes libérés vous êtes battues d'avance. Personne n'y est pour rien si ce n'est la biologie. J'ai pris la précaution de dire dès le départ que mon raisonnement serait scandaleux. Je frémis d'avance devant les torpilles que vont m'expédier non seulement le M.L.F. mais toutes les femmes de notre époque ayant entre seize et trente-cinq ans. Notez bien que je dis trente-cinq avec précaution. Pour fixer un âge moyen. Philémon et Baucis existent eux aussi. Le coup de foudre, comme on ne disait déjà plus de mon temps, peut exister entre un vieux monsieur et une vieille dame. Peut-être est-ce même l'un des sentiments les plus admirables qui puisse exister entre un homme et une femme. Les plus belles couleurs du monde sont celles de l'automne et il y a un automne de la vie. Mais avouons que les cas sont exceptionnels.

Donc continuons à raisonner sur le plus grand nombre. Mesdemoiselles, dans cette guerre qu'est l'amour, vous êtes gagnantes dans la première partie de votre vie, perdantes dans l'autre. Quant aux hommes, ne vous en déplaise, ils gagnent tout le temps. Voilà la vérité scandaleuse lâchée. Vous protestez ? Alors ne dites rien, n'en causez pas avec vos copains et vos copines et réfléchissez tout simplement aux cas que vous connaissez. Exemple. Et exemple de notre époque. Entre ce monsieur de vingt-cinq ans et cette fille de vingt-deux, c'est le coup d'amour. Pendant quelque temps on joue aux brèves rencontres nocturnes et aux week-ends éloignés. Ça marche. Personne ne parle de mariage. Mademoiselle y songe, mais n'en parle jamais. Et en ce qui le concerne monsieur n'y songe pas une minute. Si dans un moment d'imprudence mademoiselle un soir, au moment où la cire des bougies commence à dégouliner sur la nappe, laisse échapper le mot, monsieur sourit tendrement et lui fait remarquer que c'est un mot qui n'a plus grand sens, que leur amour est trop pur pour être ligoté par le Code civil. Et mademoiselle qui ne connaît pas le Code civil mais sait qu'il est comme les tours de Saint-Sulpice, c'est-à-dire que « lorsqu'on passe devant on pisse contre », mademoiselle se tait et rougit de sa maladresse. Parler de mariage à notre époque est un peu plus indécent que de parler de sexe au temps de Stendhal.

Poursuivons. Un an, deux ans ; allons je suis bon prince ! Dix ans. Faisons le calcul, voulez-vous :

mademoiselle en a trente-deux et monsieur en a trente-cinq. Ils vont bien l'un et l'autre. Ni enfant, ni contrat, ni obligations de toute sorte. C'est souvent le moment que monsieur choisit pour aller chercher ses fameuses allumettes. Mademoiselle sera un peu bouleversée. Mais monsieur lui explique gentiment que les couples ne sont pas faits pour être éternels, que tout cela avait peut-être un sens lorsque l'âge moyen de vie était de trente-trois ans, bref dans ces siècles de ténèbres que le « progrès » n'avait pas fécondés, bref qu'il faut être sérieux. Fin de débat.

Lorsque, à trente-cinq ans, monsieur s'en va, il se porte bien, merci pour lui. Il peut se marier s'il lui prend l'envie d'avoir des enfants et il tombera vite fait amoureux d'une autre charmante enfant de vingt-deux ans. Dans ce sens-là la différence d'âge mystérieusement semble ne pas jouer. Et puis soyons sérieux et cynique : la femme de vingt-deux ans est plus fraîche que celle de trente. J'entends les dents des lectrices grincer. Mais je ne suis pas le premier à le dire. Si Balzac a consacré un roman à la femme de trente ans, c'était justement parce que le cas lui paraissait assez exceptionnel. Il n'a pas écrit l'histoire d'une femme de vingt ans parce que la presque totalité de la littérature mondiale traite justement de ce sujet.

Mais suivons l'itinéraire de notre ravissante jeune femme de trente-deux ans. Nous avons fait des progrès en esthétique et Lancôme, Orlane, n'ont pas été inventés pour rien. Bref notre abandonnée rencontrera inévitablement un nouvel amour. On notera au passage à quel point le cas que je décris est rétro. En vérité nous n'en sommes plus là. A cet âge-là un bon nombre de femmes ont essayé ou consommé bien plus d'hommes. Liberté sexuelle oblige. Mais qui peut le plus peut le moins. Je poursuis ma description parce qu'elle vaut en gros pour toutes les autres. Donc le deuxième amour l'amènera si tout va bien aux alentours de la charnière trente-cinq-quarante. Et il n'est pas impossible que de nouveau le partenaire disparaisse.

A cette minute, notre héroïne est seule. Et dans un nombre respectable de cas elle le restera. La religieuse qui avait choisi de se retirer du monde, celle qui choisit encore de le faire sait au moins pourquoi elle le fait. Elle sera seule jusqu'à sa mort. Mais l'union assez mystérieuse qu'elle avait contractée avec une présence qui n'est pas de ce monde, la jette simultanément dans un malheur et dans une joie qui ne sont l'un et l'autre pas tout à fait de cette terre. En tout cas la solitude pour elle était un choix. Pas une condamnation décidée par les autres. On me fera encore remarquer qu'après tout il arrive que ce soit les femmes qui partent, que souvent c'est le monsieur qui se retrouve seul. Mais c'est justement là qu'intervient la différence biologique. Ce monde-ci est plein d'allègres quinquagénaires qui multiplient leurs conquêtes de tous âges et finissent même parfois par contracter mariage pour ne pas vieillir trop seul. Bref les hommes font de l'équilibrisme amoureux au-dessus d'un filet solidement arrimé. Les femmes jouent sans filet. Donc elles sont automatiquement perdantes.

C'est ici qu'intervient la seconde objection, bien plus redoutable intellectuellement. A partir du moment, me dira-t-on, où l'acte d'amour est désacralisé, où il n'est que la rencontre de deux plaisirs, au nom de quoi peut-on demander aux partenaires d'en tirer des conséquences logiques plus durables que celles d'une allégresse fugitive et partagée? Après tout faire l'amour est agréable lorsque les partenaires sont expérimentés. Est-ce vraiment très différent d'un bon repas au bord de la mer au printemps ou d'un verre de vin frais si la cuvée est bonne? Le plaisir est le plaisir, rien de plus. Si les hommes peuvent profiter de l'amour plus longtemps que les femmes, tant mieux pour eux. Personne n'y peut rien, si ce n'est les chirurgiens esthétiques qui commencent d'ailleurs à fabriquer un personnage tout nouveau : la grand-mère émancipée.

A cette objection, je n'ai rien d'irréfutable à présenter. Si faire l'amour est un plaisir comme un autre, eh bien! soit. Et tant pis pour les femmes. Elles n'avaient qu'à naître hommes. Notons au passage que cet acquiescement est assez embêtant pour la thèse à la mode de l'égalité homme-femme. Mais j'ai pris mes précautions au départ. J'ai précisé que les espèces étaient tout de même différentes. Et personne à ce moment du raisonnement ne m'a rien objecté puisque je me situais au niveau des évidences. Mais voilà que l'évidence débouche pour un nombre immense de femmes sur cette tragédie — j'ai bien écrit tragédie — qu'est la solitude. Et si il y avait quelque chose de faux dans le raisonnement dont tout le monde se gargarise? Et si faire l'amour malgré tout ce que l'on en dit était quelque chose d'exceptionnel, et s'il restait une once de mystère et de sacré dans cet instant fulgurant que la vieille héroïne de *Pour qui sonne le glas* résumait en une formule, lorsqu'elle répondait aux questions angoissées de la jeune femme qui l'interrogeait : « Est-ce que la terre a tremblé sous toi ? — Oui, répond l'autre. — Alors c'est bien. »

Voilà donc ma deuxième réfutation contre l'amour fugitif et sans lendemain. Lorsqu'il se passe quelque chose entre un homme et une femme, si ni l'un ni l'autre ne ment, alors la terre tremble. Et elle ne tremble pas cent fois dans une vie. Là encore on va me dire que je retarde. Je répondrai que c'est notre époque qui retarde, que nous faisons les malins parce que nous venons de réinventer la vieille distinction grecque entre Éros et Agapé mais que nous avons réussi à abaisser spirituellement et l'un et l'autre. Regardons-y d'un peu plus près.

Chacun sait de quoi il s'agit. Nous n'avons qu'un mot pour amour et les Grecs qui étaient des malins en avaient deux : Éros pour désigner ce qui relève de la chair, Agapé pour qualifier ce qui est du domaine de l'esprit. Éros est violent, spasmodique, désespéré ; Agapé, diaphane, aérien, presque éternel. Éros se projette dans l'illumination par les mystères conjoints de la beauté et de l'animalité ; Agapé dans les jardins doux et bleus où ne se rencontrent que des regards, où ne se frôlent que des mains.

Étonnants ces Grecs. En gros ils avaient tout compris. Car il est vain de nier que le partage existe, que le mot « amour » demeure ambigu et que tout le malentendu finalement repose sur ce qui à première vue paraît être un fascinant désaccord.

Mais l'on me permettra une remarque ; la distinction grecque est fondamentalement masculine. Côté philosophique et interprétation du monde, c'étaient les hommes qui avaient la parole. C'est dire que la distinction entre Éros et Agapé était simultanément géniale et commode. L'éclair de génie du christianisme à travers l'expérience juridique de la romanité c'est d'avoir décidé la fusion des deux réalités mais il faut bien admettre que ça n'allait pas de soi ; que c'était pour les femmes un pas en avant gigantesque : d'objet de plaisir ou de reproduction elles accédaient au rang de personne ; que pour les hommes, ces éternels gambadeurs, la fusion des deux idées constituait une difficulté stratégique considérable. C'était tout simplement une révolution.

Elle n'a pas été acquise en un jour. C'est Malraux qui m'a fait remarquer un soir que le mot « douceur » dans le sens que nous lui donnons aujourd'hui n'existe pas dans toute la culture de l'Égypte pharaonique. Il apparaît durant les derniers siècles, affirmait-il. Et comme je paraissais sceptique — avec Malraux il fallait toujours être méfiant —, il m'a fait expédier par le directeur du musée du Caire la traduction du nom de la première reine d'Égypte qui avait été qualifiée de ce terme. Malraux, quand il le voulait, savait très bien être précis.

Mais la douceur n'a fait qu'apparaître. Elle ne pénètre pas réellement dans les univers gréco-romains. Il faudra probablement attendre l'amour courtois pour la voir émerger en pleine lumière, devenir le ciment qui va fonder l'union d'Éros et d'Agapé. Ce qui vient de naître, alors, c'est l'amour tel qu'il a existé comme mythe et comme réalité du XIe au XXe siècle.

C'est simplement cela que nous sommes en train d'assassiner. Oh ! Pas facilement. Les hommes se taisent ; après tout on ne leur demande pas leur avis, on les somme d'accepter les nouvelles règles. Comme ils en tirent de substantiels bénéfices, ils approuvent en trouvant l'affaire pleine de sel. Ce qui leur semble le plus comique c'est que ce soit les femmes qui au nom de leur libération liquident allégrement l'une des plus grandes conquêtes de leur histoire. Si en nous libérant de la notion abusive de péché, si en nous délivrant de la hantise de l'enfant non voulu, nous avons accompli un pas en avant, en tirant de ces deux conquêtes la conclusion que tout est permis et que rien n'a d'importance, nous avons simplement reculé de dix siècles. C'est l'une des évolutions les plus surprenantes de notre évolution des mœurs.

★

J'entends la question que l'on va me poser. Que faire ? La situation, me fera-t-on remarquer, est ce qu'elle est. Pas question de revenir en arrière. La morale rigide, puritaine ou catholique — c'était en gros la même — est morte et bien morte. Et en fin de compte elle n'a eu que ce qu'elle méritait. Car elle était fondée sur une assez belle hypocrisie.

Je répondrai très simplement que je n'en sais rien. Je pourrais signaler qu'en Chine, au Vietnam et à un moindre degré dans les pays communistes, l'ordre moral est tombé comme une chape de plomb sur la tête de milliards d'hommes. Aucune liberté sexuelle à l'est du monde. Le seul droit est de se marier et encore à des âges fixés par la règle : vingt-huit ans pour les hommes en Chine, trente-cinq ans au Vietnam. Pas de flirt préliminaire. Si l'on se fait prendre c'est puni par la loi. Enfin le nombre d'enfants est réglé une fois pour toutes. Par des méthodes contraceptives qui laisseraient exsangues les dames du M.L.F. Le mari et la femme sont éloignés de 500 km et sont affectés à des travaux différents. Bien entendu il y a des raisons de planification démographique là-dessous. Et lorsque un peu plus au sud Mme Gandhi a tenté pour venir à bout de ses problèmes de stériliser les hommes, elle a tout simplement perdu le pouvoir.

La solution n'est donc pas à l'est du monde. J'aurais plutôt tendance à penser qu'elle est une fois de plus entre les mains des femmes. Au fond c'est à elles de savoir dire non. Et si on leur répond qu'elles retardent, il leur suffit d'avoir le courage d'affirmer qu'au contraire elles avancent. C'est-à-dire que l'amour est un peu plus sérieux que ce que l'on veut bien affirmer ici et là. Que la rencontre entre un homme et une femme si elle constitue une chance admirable, suppose un partage des risques. Que le risque le plus profond ce n'est pas l'enfant, mais c'est l'amour lui-même. Et qu'on ne joue pas impunément avec ce qu'il y a de plus profond et de plus secret dans l'être humain. Que s'aimer c'est vivre ensemble. Et que l'on ne vit pas ensemble trois mois.

Et le mariage? dira-t-on. Qu'on abandonne le mot s'il fait peur. Mais les Romains qui en matière de droit étaient encore plus intelligents que les Grecs avaient trouvé la réponse, si je me souviens bien. Lorsqu'un homme et une femme vivaient ensemble publiquement, eh bien, au bout d'un an ils étaient mariés automatiquement. S'ils voulaient éviter ce couperet il fallait qu'ils se séparent d'une manière ostensible pendant la période fatidique, quitte à se retrouver ensuite pour une nouvelle année. On dira que c'est un système assez bizarre. Je n'en suis pas tellement sûr. Lorsque monsieur au bout de 350 jours dira à madame qu'il s'en va en voyage pour un bon mois, elle saura à quoi s'en tenir; c'est qu'il ne s'agissait pas d'amour. La charge de la preuve serait retournée; les hommes ne bénéficieraient plus de cette admirable innocence dans laquelle, par la grâce des femmes, ils vivent aujourd'hui. Ils devraient aller jusqu'au bout ou avouer qu'ils ne sont pas des héros solitaires mais simplement de médiocres égoïstes.

VI

De la manière de se comporter vis-à-vis du mensonge généralisé

MENSONGE du discours politique, mensonge du prêchi-prêcha concernant la libération de la femme, voilà qui n'est pas négligeable. Poursuivons cependant notre enquête : la technique du mensonge à fondement moralisant est utilisée avec la même efficacité dans un troisième domaine : les salissures de la terre.

Des myriades de nuages bas et ventrus courent comme de gros oiseaux à la surface de la planète. Ils vous cachent le soleil. Ils nous cachent le soleil. Quelques-uns des grands sorciers de notre temps ont inventé un mot pour désigner cette touffeur de l'air. Ils vous en ont fait présent pour que vous puissiez l'utiliser à tout bout de champ, pour que vous puissiez nommer votre angoisse : pollution.

Mais une fois encore, ils ont triché. Ce n'est pas la pollution de l'atmosphère qui vous rend malades, qui nous rend malades. C'est quelque chose de bien plus fort et de bien plus difficile à soigner : la pollution de l'âme. Nous sommes immergés dans le mensonge. Voilà le vrai. Et c'est un océan dans lequel il est difficile de nager.

Difficile de parler du mensonge généralisé. Il faudrait avoir le souffle de Bloy ou de Bernanos. Or, ils sont morts. Et toute conscience est unique, donc irremplaçable. Personne ne peut parler à leur place. Tant pis. Essayons de nous faire comprendre avec les mots dont nous disposons, même si ce sont des termes galvaudés, usés comme les pierres que l'éternité des marées a transformées en choses arrondies et plates, tout juste bonnes à ricocher sur l'eau.

La pollution des âmes. Un joli mot. Encore faut-il que les âmes existent. Jusqu'ici, personne ne les a vues. Et le mot lui-même est dévalorisé. Nous ne connaissons que nos ombres qui s'allongent et se rétrécissent devant et derrière nous, les jours d'été. Mais ces taches bizarres sur le sol ne sont pas des âmes. Tout juste l'image prophétique de ce qui resterait de nous si une bombe atomique explosait dans les environs immédiats. Pourtant, nous avons une âme. Et c'est exactement là que tout se noue.

Vous demandez des preuves ? Je n'en ai guère. Une seule. Chacun d'entre vous est unique. Ce n'est pas une affirmation religieuse ou littéraire. Tout simplement une constatation biologique. Depuis que le monde est monde, nous savons qu'aucun être n'a jamais été identique à un autre. Unique. Il vous arrive certains soirs de réfléchir sur le cas de Mozart ou d'Einstein. On vous a expliqué qu'ils étaient nés surdoués, c'est-à-dire des types tout à fait à part. C'est vrai et c'est faux. Ils étaient probablement plus intelligents que vous ; ils avaient eu la chance ou la malchance de savoir d'instinct utiliser, d'une manière exceptionnelle, cette prodigieuse machine qu'on appelle le cerveau. Mais c'est tout. Pour le reste, ils vous ressemblaient ou vous leur ressemblez. Mozart et Einstein étaient uniques. Vous aussi. Vous mourrez un jour et le monde continuera. Mais il ne sera plus le même.

Je sais ce que cette affirmation a d'extravagant. Le ronron des média et des instituts d'opinions tente de vous convaincre que vous n'êtes rien de plus qu'un élément d'une statistique. Or, les média et les instituts d'opinions ne rendent compte que de l'écume des choses. Ils ignorent qui vous êtes. Et à la limite ils s'en moquent. Ce qui vous émeut, ce qui vous bouleverse, ce qui vous déconcerte, ils l'ignorent volontairement. Ce n'est pas leur affaire. Mais c'est la vôtre. Votre existence est unique. Personne ne la vivra pour vous. Si vous découvrez le bonheur, ne fût-ce que pendant quelques heures, ce sera le premier bonheur du monde. Pas pour l'histoire, qui ne traite que des généralités. Mais pour vous qui êtes bien plus que toutes les généralités. Si vous êtes pris de l'irrésistible envie de mettre fin à cette marche harassante « de sac et de corde », comme disait Péguy, que vous n'avez pas lu, c'est vous — et vous seul — qui déciderez de l'utilisation de cette bombe atomique personnelle : le suicide. Car votre mort n'appartient qu'à vous et chaque homme, chaque femme, ne possède qu'une seule mort.

Bref, vous avez une âme. Je me sens tout à fait incapable de vous dire ce qu'elle est. Mais je peux vous faire pressentir que pour vous, au moins, elle existe.

J'irai, si vous le permettez, un peu plus loin. Quoi que vous pensiez, quoi que vous ressentiez, vous n'êtes pas seul au monde. Il y a des êtres pour lesquels vous êtes précieux. Je voudrais vous raconter une histoire. Il y avait une fois un personnage qui s'appelait Lawrence; sa vie et sa mort demeurent une énigme. Il a écrit quelques livres admirables, il a été un agent de l'Intelligence Service, il a contribué à réveiller le monde arabe, il a été l'adjoint de Churchill à la conférence de la Paix, en 1919. Puis, il a disparu. Pendant des années, toute l'Angleterre l'a cherché. Un beau matin, son éditeur a réussi à le retrouver. Il s'était engagé comme 2e classe dans un camp de la Royal Air Force. Et il balayait les chambrées depuis des années. L'éditeur, scandalisé par cette attitude incompréhensible, lui écrivit plusieurs lettres. Il lui disait de revenir, que l'intelligentsia anglaise avait besoin de lui, qu'il ne pouvait demeurer à ce point loin de tout. A la fin, Lawrence répondit. Et sa réponse était décisive, elle a valeur, pour chacun d'entre vous. Lawrence disait en substance que chaque homme, sur cette terre, est *précieux* pour une dizaine de personnes tout au plus. Qu'on lui offrait le choix entre devenir indispensable pour dix banquiers de la City qui l'appelaient au secours ou dix poètes qui prétendaient avoir besoin de lui. Et il faisait remarquer qu'il avait un rôle dans sa chambrée, qu'elle ne serait plus la même s'il s'en allait. Et entre les banquiers, les poètes et les simples soldats, il ne voyait aucune différence. Donc, il resterait avec les simples soldats. Et il poursuivait par une phrase énigmatique, que personne n'a très bien comprise, et qui vaut probablement d'être méditée : « Après sept ans d'une telle vie, personne ne pourra plus me proposer pour quelque poste que ce soit et cet avilissement de ma personne est la fin que je poursuis. »

Avilissement ? Ou rédemption ? L'aventure absolue, la quête de son âme, Lawrence ne la cherchait plus dans l'immensité du désert, dans l'exaltation de la révolte, dans la tâche de conseiller du prince ou d'accompagnateur des poètes, mais dans l'accomplissement des actes les plus humbles qui soient : allumer un poêle, faire les lits, discuter ou se taire en compagnie d'autres hommes qui n'avaient ni sa culture ni son expérience. A travers les siècles son affirmation recoupait, au mot près, ce qu'avaient pressenti Thérèse d'Avila ou Augustin. Le saint laïque serrait la main des saints chrétiens. Ils étaient de la même race. Les uns et les autres savaient qu'ils avaient une âme. Et vous n'êtes pas faits autrement qu'eux.

Seulement voilà. Cette âme qui vous appartient, qui vous suit comme une ombre, et que vous avez encore à découvrir, tout cet univers de mensonges tente de vous convaincre qu'elle n'existe pas. Et comme vous êtes gentils, vous croyez ce qu'on vous serine aux oreilles à longueur de journée. Que vous n'avez pas d'importance ; que vous devez revendiquer vos droits ; que le Prince, l'État ou la Révolution — ces trois visages d'une même imposture — doivent vous les livrer sur un plateau d'argent. Que le Prince, l'État ou la Révolution, demain, vous raseront gratis si vous avez l'audace d'exiger la nationalisation des coiffeurs. C'est une blague. Il vous suffit d'une minute de réflexion pour en être convaincu.

Bien entendu, vous avez vaguement tendance à me croire. On vous a déjà dit et répété que cet univers était plein de mensonges. Que les hommes politiques mentaient ; que la publicité mentait ; que l'idéologie dominante était une tromperie. Et tout cela était en partie vrai. Mais en partie seulement. Le mensonge, dont je parle, est autrement vaste. Et les petits menteurs que vous croyez avoir détectés ne sont que des morceaux de l'immense continent du mensonge que vous arpentez tous les jours.

Chaque matin, chaque soir, chaque saison, chaque année, on fabrique à votre usage de nouveaux mensonges. Et chaque matin, chaque soir, chaque saison, chaque année, vous vous laissez prendre au piège. Car les mensonges de ce temps sont aussi élégants et techniquement achevés que le fuselage du Concorde. Ils sont faits pour aspirer votre révolte, votre désir de justice, en un mot ce qu'il y a de meilleur en vous. Les mensonges — en cette fin du XXe siècle — sont des aspirateurs d'âmes. Si vous vous laissez happer par leur souffle, vous disparaîtrez. Et vous serez transformé en robot.

Voulez-vous un exemple ? Il y en a mille. Et je me bornerai à vous en citer un seul. Celui qui vous étonnera et vous scandalisera le plus : l'écologie. C'est la dernière tromperie de cet univers du discours faux et de l'utilisation rationnelle des bons sentiments. Si vous avez la patience de me suivre pendant quelques pages encore, vous allez comprendre comment l'on fabrique, aujourd'hui, le mensonge industriel, comment on le vend aux masses, et comment on avilit leurs rêves.

Le point de départ de tout mensonge organisé est une vérité. C'est la base du système. Pas de mayonnaise sans œuf, moutarde et huile. Pas de mensonge généralisé sans une parcelle d'évidence.

A la racine de la tromperie écologique, il y a une découverte qui n'en est d'ailleurs pas une, pour la bonne raison que le moindre paysan du Moyen Age la connaissait déjà. Lorsque les paysans d'autrefois avaient décidé qu'il fallait varier les modes de cultures, pour économiser la terre, ils avaient inventé l'écologie, moins le mot. Le système des jachères triennales était de l'écologie avant la lettre. Pendant un an ou deux, suivant les régions, on faisait pousser du blé et, la troisième année, on laissait la terre se reposer. Ce n'était pas sorcier et c'était indispensable. Mais personne n'avait estimé utile d'en faire les éléments d'une croisade idéologique.

Voilà l'élément clef, celui qu'il importe de bien comprendre. Car le processus intellectuel, utilisé par les fabricants de croisades, est toujours le même. On part d'une évidence, on signale un danger ou une injustice et plutôt que de proposer des remèdes, on décrète la mobilisation générale au nom du futur. Les nouveaux croisés se pressent autour du faux prophète; on les invite à marcher pour délivrer Jérusalem et ils se retrouvent entre la Bastille et la République.

Observons d'un peu plus près comment le juste pressentiment écologiste se mue en imposture. La terre, dit-on, est un vaisseau spatial, dont les réserves ne sont pas inépuisables. Vrai. L'économie industrielle néglige ce problème des réserves et puise, sans compter, dans un trésor qui n'est pas illimité et qui, en tout cas, n'appartient pas à une seule génération. Toujours vrai. Il faut rationaliser l'utilisation des réserves, lutter contre le gaspillage, utiliser les déchets, sauvegarder ce que l'on appelle l'environnement. Encore vrai. Bien que déjà le raisonnement commence à se gauchir. Car l'environnement n'est pas une donnée fixe. Par définition, il se modifie sans cesse. L'idée de le conserver tel quel est une illusion. Il y a beau temps que nous ne vivons plus dans une nature sauvage, mais dans des jardins. La France tout entière est un jardin. Les Gaulois en avaient dessiné les premières allées ; les Romains y ont introduit les routes et les parterres. Lorsque l'Empire s'est effondré, la forêt, la formidable forêt, qui renaît en quelques dizaines d'années, a enseveli le jardin tout entier. Il a fallu la dure renaissance carolingienne pour reconquérir la terre sur le bois. Et il a suffi, entre le XIIIe siècle et le XVe siècle, de l'horrible catastrophe de la peste et des guerres pour que les taillis, de nouveau, recouvrent les champs et les chemins. Nouvelle reconquête, définitive celle-là. Le paysage français va prendre les allures que nous lui connaissons. Il faudra attendre ces dernières années pour le voir se modifier par la destruction, souvent inconsidérée, des haies.

Donc, l'environnement n'est pas fixe, il est mobile ; le vrai problème n'est pas de le conserver tel quel mais de le modifier raisonnablement et en tenant compte de toute une série de facteurs. Mais jusque-là, le discours de l'écologiste est valable et utile. Las ! Il ne s'arrête pas là. L'écologiste poursuit sa série de propositions. Puisque le grand coupable de la dévastation du monde, c'est l'économie industrielle, il faut stopper l'industrialisation. Pour vivre comment ? Dans des huttes ? En se nourrissant grâce à la chasse et à la pêche ? Même pas. L'écologiste est un défenseur acharné des espèces vivantes, au nom de l'écosystème. Et sur ce point, il n'a pas tout à fait tort. Mais il ment lorsqu'il prétend que nous pouvons nous passer d'industries. Lorsqu'on lui présente l'objection, il bat en retraite. Il veut une industrie «propre». Ça veut dire quoi? S'il s'agit de respecter l'atmosphère, d'empêcher la pollution des eaux, il a raison. Mais c'est un problème technique, ni plus ni moins. Il est soluble. Et tout le monde le sait. C'est une question de coût. En tout cas, la croissance doit continuer. Et dans le monde entier. Les Chinois, les Indiens, les Africains, les Américains du Sud sont là pour l'exiger. Eux aussi, veulent des réfrigérateurs, des machines à laver et des voitures. Sont-ils fous? Non. Ils veulent simplement être comme nous, libérés de toute une série de servitudes qui ont pesé sur toutes les générations dont nous sommes issus. Le discours écologiste, à cet instant, devient ségrégationiste. D'un côté, ceux qui vivent convenablement; de l'autre ceux qui vivent mal.

J'entends les protestations. L'écologiste est égalitaire. Il veut une meilleure répartition des richesses. Soit. Mais en ce cas, il faut que le monde entier s'industrialise. Donc, il faut de l'énergie. Et en quantité formidable. L'écologiste suggère des énergies innocentes : le vent, l'eau, le soleil. Et il est vrai qu'il y a là d'immenses potentialités. Mais pour le moment, nous ne savons pas encore les maîtriser. Dans le monde entier, des chercheurs travaillent. Et ce ne sont pas les écologistes qui les poussent : le prix du baril de pétrole suffit.

Nous y sommes. Le discours écologique est en train de se muer en tricherie. Car il faut de l'énergie tout de suite. Et le pétrole s'épuise. Donc, le nucléaire est indispensable. Hurlement de notre prophète. Il n'en veut à aucun prix. Il veut ignorer que nous n'avons pas le choix, qu'une fois de plus l'humanité dans son ensemble doit faire face à un défi formidable. Le courage n'est pas du côté du prédicateur antinucléaire qui, avec une centaine de militants, occupe la mairie et fait appel aux média. Il est à l'intérieur des laboratoires, concentré entre les mains de quelques centaines d'hommes qui, jour après jour, cherchent, ajustent, remettent en question leur demi-certitude. Ils ne sont pas tout à fait sûrs d'eux-mêmes. Ils savent qu'ils travaillent sur des forces immenses. Mais jamais, depuis que le monde existe, les hommes n'ont pris autant de précautions avant de progresser. D'ordinaire, on découvre, on s'élance, on subit les échecs, on enterre les morts, et on ajuste la découverte. Aujourd'hui, c'est l'inverse. Nous sommes allés sur la Lune, pratiquement sans accident. C'est probablement, en soi, plus étonnant que d'avoir réussi à se poser sur cette face lunaire qui nous guigne depuis toujours. La méthode est exactement la même dans le domaine du nucléaire. Il y a désormais 181 réacteurs en activité dans le monde entier. Et pour autant qu'on le sache, mis à part un accident et un seul, qui est peut-être arrivé en Union soviétique — et personne n'en est sûr — il n'y a pas eu d'accrochage important.

Je ne défends pas, dans l'absolu, le nucléaire. Je défends les chercheurs contre les prophètes du monde rétro. Car les premiers doivent se taire et ne sont sûrs de rien. Les seconds ont les média à leur disposition, télévision, radio, journaux. Le moindre incident les nourrit. Ils plantent leur drapeau partout. Au moment même où j'écris ces lignes, j'apprends que la première radio clandestine «verte» a pris la parole au-dessus de la capitale. Propos vibrant du commentateur de la télévision qui salue l'importance de l'événement. L'annonce de cette première émission est scandée par le ti-titi-ta de la radio de Londres des belles années. En toute modestie. C'est une radio clandestine, donc admirable. Mais comme il faut, tout de même, que chacun vive, on nous révèle que la première émission a été faite de l'appartement de l'écrivain Jean-Édern Hallier, place des Vosges, comme il se doit. Que faut-il de plus pour bien marquer, non pas l'imposture de l'écologie, mais celle de certains écologistes ?

Ils n'ont pas de scrupules. Ils mobilisent sans vergogne les bonnes gens et les enfants. Les premiers parce qu'ils ont toujours peur, les seconds parce qu'ils ont toujours du courage. Ils amalgament les uns et les autres pour en faire des croisés. Et ne nous y trompons pas. Ils sont en passe de devenir les plus forts. Dans un monde encore riche, et qui ne sait pas à quel point il l'est, il n'est pas très difficile de stopper la machine. Sur le moment, personne ne s'en apercevra. Il y a encore du pétrole pour faire tourner les usines, pour fournir du courant, dans les maisons et les hôpitaux, et pour permettre à tous les citadins de l'Occident de s'en aller le dimanche découvrir ce qu'ils croient être la nature sauvage et qui n'est qu'un parc, dessiné par tous ceux qui les ont précédés. La catastrophe viendra plus tard. Ma génération ne la verra probablement pas dans son ampleur ; ce sera justement celle des gens de vingt ans qui, un beau matin, découvrira que l'énergie commence à manquer, qu'il n'y a pas eu assez de chercheurs et de laboratoires, bref que nous avons été des imprévoyants, par lâcheté.

L'exemple de l'écologie est irréfutable. La fabrication de croisés aboutit bien entendu à des absurdités. Par définition, le fanatique ne comprend plus rien. Un conservateur des Eaux et Forêts m'a confié un jour qu'il devait faire abattre la nuit les arbres morts pour n'avoir pas à lutter contre les manifestants. Certes les manifestants aimaient les arbres. Le conservateur aussi ; plus qu'eux sans doute, puisqu'il n'avait jamais vécu que pour leur respect. Mais la règle de la vie, celle de l'écosystème, comme on dit aujourd'hui, c'est que les choses naissent, et qu'elles meurent. Les arbres meurent. Et à ce moment-là, il faut les abattre, ne fût-ce que pour en planter d'autres. Or, il n'est pas toujours commode de savoir qu'un arbre est en train de mourir. Le conservateur connaissait les signes de l'agonie des végétaux. Les écologistes ne savaient rien du tout. Donc, ils criaient à l'assassinat, alors qu'il ne s'agissait que de sépulture.

Voilà comment à partir d'une constatation vraie et d'un problème réel, on fonde un discours imbécile et on jette des innocents dans une bataille dérisoire. Bien entendu, le cas de l'écologie est loin d'être unique. Il s'agit, à propos de tout sujet, et grâce au tam-tam des média, de mobiliser les sensibilités. Il faut que Margot pleure. On la bouleversera avec les arbres, la haute altitude, l'eau des lacs, le chômage, la faim dans le monde, les tremblements de terre, les programmes scolaires, les cadences infernales, les neuroleptiques, la responsabilité des médecins, des agents de la S.N.C.F., des constructeurs d'immeubles, des dessinateurs de tours, etc. Tout est bon. Tout fait ventre.

Pourquoi ne pas aller jusqu'au bout du raisonnement ? Cet univers utilise le mensonge parce que le mensonge est rentable ; parce que le scandale paie ; parce qu'il rapporte plus d'argent que la pâte à dents, les petits pois ou les industries sidérurgiques (qui n'en rapportent plus). Le mensonge est devenu un produit de grande consommation : il nourrit les média. C'est le fourrage de ces gros animaux qui beuglent, matin et soir, pour, affirment-ils, « informer objectivement » les citoyens.

★

Il n'y a pas de recette contre la pollution des âmes. C'est affaire d'intelligence, de courage et de solitude. De vieux mots. Il n'en existe pas d'autres.

Mais les réalités qui se cachent derrière eux sont bien moins usées qu'il n'y paraît. Bien entendu, les vocables ont été trahis. On a couvert du nom d'intelligence la capacité de se rallier au camp de ceux qui font le plus de bruit. On a qualifié de courage l'attitude qui consiste à savoir hurler avec les loups. Et on s'est gardé de parler de la solitude, parce que c'est un sujet un peu trop difficile et que, pour le moment, personne n'a encore trouvé le moyen de l'enrégimenter.

Là comme ailleurs, il suffit de remettre les mots sur leurs pieds, de ne pas les laisser éternellement la tête en bas, d'empêcher en somme qu'ils soient récupérés. Et d'ailleurs, les trois termes n'en forment qu'un. Il faudrait trouver un vocable qui les réunisse, qui les regroupe. Il n'y a pas de courage sans faculté de discernement, pas de discernement sans résolution de se tenir à ce que l'on croit vrai, pas d'intelligence et de vertu dans le sens ancien du mot, sans acceptation d'une certaine solitude.

C'est un seul mouvement de l'esprit, une faculté unique de n'être ni d'accord systématiquement avec le plus grand nombre, ni le contraire. De savoir ne pas imposer aux autres sa conviction sans pour autant décider de se taire. En somme, dans chaque cas, devant chaque situation, chaque événement, chaque problème, il faut savoir réfléchir, hésiter, puis se décider dans la solitude, enfin agir.

Fin de prédication. J'avais un vague désir à la fin de cette petite méditation, de dire aux gens de vingt ans qu'il leur fallait s'occuper d'abord de leur âme. Mais je ne suis pas très sûr de ne pas déclencher, en utilisant ce mot, une gigantesque rigolade. Je regarde le monde que nous leur livrons et je suis partagé entre la fierté et l'inquiétude. Il n'est pas aussi affreux que tout le monde l'affirme. Il est bien plus menaçant qu'on ne le dit. En somme, il est le champ d'une liberté contrariée. Tout n'est pas possible, rien n'est impossible.

Camarades, nous allons vivre de drôles d'années. Vous et nous. Ensemble. Voilà que s'abolit ce fameux fossé des générations. Vous allez voir que lorsque la terre tremble, on ne demande plus aux infirmiers leur date de naissance. Il y a d'un côté ceux qui ont des bras et des têtes, de l'autre ceux qui se bouchent les yeux avec leurs poings. Pour ne pas voir et ne pas entendre.

Le partage va se faire très vite. Et il ne sera plus question de génération. Ça va être intéressant de se débrouiller ensemble avec l'univers le plus bizarre et le plus extraordinaire qui ait jamais existé.

Il arrive toujours un moment où le voile du temple se déchire. Pendant quelques instants, les mensonges s'écroulent et se transforment en un tas de cendres. Nous allons probablement découvrir avant peu ce spectacle.

Pendant quelques secondes, personne ne nous mentira plus.

Ultime rencontre avec l'envoyé du Père Noël

IL était revenu mon petit Père Noël. Disparu vers la fin décembre, je le retrouvais en cette fin de mai. La France n'avait guère changé. Lui n'était plus tout à fait le même.

Était-ce lui d'ailleurs ? Ou bien son frère ? Les Pères Noël se ressemblent, c'est connu. Donc leurs envoyés aussi. Les premiers ont des robes rouges, des barbes blanches et des hottes sur le dos ; les seconds, des visages sans rides, des yeux qui reflètent le ciel et la mer, une désinvolture apprêtée et timide.

En tout cas celui qui me faisait face était manifestement décidé à occuper mon après-midi. Il était venu me voir l'avant-veille, il s'était informé de l'état de ma *Lettre ouverte,* je lui avais rétorqué avec allégresse que j'arrivais au bout de la mission, il avait soupesé la pile de papier, puis avait demandé le droit de l'emporter pour quarante-huit heures. Il reviendrait, avait-il ajouté, me donnerait son opinion ou me poserait quelques questions complémentaires. Je savais d'instinct qu'il se garderait de porter un jugement, qu'il se bornerait à reprendre l'interrogatoire. Nous y étions. A moi de répondre une dernière fois à ce délégué sans mandat d'une partie des gens de vingt ans. Aurai-je la moyenne ou ne décrocherai-je qu'une sale note? En fait je n'en savais rien. Une part de moi — la plus sotte — était vaguement préoccupée par le problème; l'autre — la plus respectable — s'en moquait comme de ma première chaise longue.

— Au fond, vous pensez que nous sommes innocents?

— Oui.

— Que le plus grand danger qui nous menace s'appelle la mauvaise conscience?

— Oui.

— Nous ne sommes responsables ni de la décadence de l'Angleterre, ni des assassinats en Italie, ni de la mort de Socrate — n'en déplaise à Clavel —, ni de la misère du tiers monde, ni de l'exploitation de la main-d'œuvre algérienne en France?

— Pas responsables.

— Lorsque le curé, le représentant du parti, M. Giscard d'Estaing avec le mouvement des lèvres qu'on lui connaît ou le secrétaire général de l'O.N.U. avec celui qu'on ne lui connaît pas, tentent de nous faire pleurer en arguant de nos responsabilités à l'égard des pauvres, des humiliés, des estropiés, des vieillards, nous devons éclater de rire?

— Je n'en demande pas tant. Simplement penser à autre chose. Parce qu'il n'y a pas de vérité derrière ces mots. C'est un truc utilisé consciemment ou inconsciemment pour vous arracher à la joie de vivre; une espèce de détournement de pouvoir, ou plus exactement de substitution des responsabilités : ceux qui ont le pouvoir d'agir et qui ne font pas grand-chose se délivrent de leur incompétence en donnant mauvaise conscience aux autres. Ceux qui cherchent à vous prendre dans leur filet utilisent ce thème. Enfin c'est une manie de l'Occident. Il faut parfois changer de manie.

— Si je vous ai bien suivi, vous nous conseillez une espèce de fierté ?

— Pas dit cela non plus. Mais je suis prêt à vous suivre jusque-là pour une bonne raison. Face à la mauvaise conscience, il n'y a pas la bonne conscience — qui est l'apanage des sots — mais une espèce de résolution intérieure — qui ne va pas sans une pointe de désespoir flottant sur un océan de gaieté.

Un printemps pourri. Plein de nuages et d'eau. Par la fenêtre ouverte montaient les rumeurs de la rue de Rennes, les cris des camionneurs qui déchargeaient leurs tombereaux de livres dans le ventre énorme de la F.N.A.C., les coups de klaxon timides des voitures embouteillées. Ça vivait là-dessous ; ça crevait de vie. Il y avait un petit café en face où la patronne ne fournissait les cigarettes que si l'on prenait un café. C'était un principe. Donc elle le tournait. Il suffisait de savoir lui parler, de savoir sourire ; il suffisait en somme, pour les cigarettes comme pour la vie, d'avoir cette passion des êtres, cette mystérieuse allégresse qui permet de trouver la beauté et l'humour jusque dans les salles de réanimation des hôpitaux.

— Franchement je voudrais vous poser quelques questions. Est-ce que vous avez le temps ?

— Ça se trouve le temps... Mais je voudrais que les choses soient bien d'accord entre nous avant de commencer. Il y a des tas de questions auxquelles je ne répondrai pas. Parce que je ne sais pas ; et que mes ignorances ne me rendent pas honteux.

Mon petit Père Noël extirpa de sa poche une pipe plus grosse que la mienne, un paquet d'Amsterdamer tout neuf; il commença à bourrer la première avec le second. Je notais qu'il utilisait déjà les gestes éternels des fumeurs de pipe, les mouvements des doigts qui font de nous tous les membres d'une confrérie.

— Au fond vous nous voulez vivants et sans complexes. Je soupçonne que c'est parce que vous craignez l'avenir. En d'autres termes vous souhaitez que les troupes soient fraîches. Ne serait-ce pas l'attitude des états-majors à la veille des guerres ?

— Vous êtes trop méfiant. Je ne vois pas si loin.

— Rapprochez ma réflexion de vos conseils de méfiance à l'endroit de la politique. N'est-ce pas révélateur? Nous sommes dans une situation politique préoccupante, vous nous conseillez une espèce d'abstention et nous suggérez de nous tenir en état de marche...

— Voyez comme les mots sont menteurs, ou bien le discours imparfait. Il y a un malentendu sur ce point entre vous et moi. C'est parce que je considère que la politique constitue un domaine capital, parce que je pense qu'une bonne part de notre avenir immédiat va se jouer à travers elle, parce que l'enjeu dépassera de loin la France, que je recommande la plus grande méfiance. Je me répète : la politique n'appartient pas au domaine des illusions innocentes, tout au contraire elles débouchent sur des prosaïsmes meurtriers. Tout le monde peut défiler, lever des pancartes, crier des slogans, tenter en somme d'attraper la lune avec des filets à papillons. Cela réchauffe le cœur paraît-il. Mais pas celui des vrais joueurs. Eux ne sont pas là ; ils comptabilisent, jouent au poker ou aux échecs. Nobles vieillards à demi gâteux, qui jouent le destin du monde à partir de leur médiocre hantise : anciennes haines, bribes d'idéologie morte, peur de la mort. Voilà les vrais joueurs. Les gens qui défilent sont des pions. Et même si le défilé surprend les états-majors, ceux-ci savent toujours comment récupérer la situation à leur profit. Donc si vous désirez arpenter le macadam derrière des drapeaux, ne vous gênez pas, c'est sympathique, surtout l'été.

Ne croyez pas cependant que de tels comportements soient sans conséquences. L'affrontement idéologique n'est pas un carnaval. Ou si vous aimez mieux, c'est un carnaval qui dissimule derrière ses masques des visages de guerre civile. Oh ! la guerre civile ne se déclenche pas toujours ! Elle est comme l'orage. Elle passe au-dessus des collines, au-dessus des arbres ; mais nul ne sait si cette moiteur de l'air va se dissoudre par le miracle des vents ou si dans quelques instants un éclair ne viendra pas joindre la terre au ciel. Donc soyez méfiants...

Mon petit jeune homme crachait la fumée par la bouche, le nez et les oreilles. Manifestement il éprouvait un vif plaisir à manier sa bouffarde.

— Vous ne faites pas un peu de littérature ? dit-il.

— Si, bien sûr. Et après ?

— Rien. Je suis d'accord. Toute ma génération est d'accord, même si elle ne l'avoue pas. Les camps hitlériens, les camps staliniens, l'incroyable illusion provoquée par Mao, la tête de Brejnev, Amin Dada et Pinochet, ces Bouvard et Pécuchet des temps de l'horreur, ne nous permettent pas la moindre hésitation. Mais dites-moi. Puisque vous savez très bien que la politique débouche parfois sur la tragédie ; puisque vous ne cessez de penser à cela, comment avez-vous osé écrire toutes ces pages sans dire un mot de ce qui se passe en France aujourd'hui ?

Il m'embêtait. Bien entendu, comme tout le monde, j'avais mes petites idées sur la question. Mais je n'avais aucune envie d'entrer — ici — dans le maquis des conversations d'après dîner. Nous étions en mai 77. Toute la France vivait à l'heure de mars 78. Une espèce de saut par-dessus le temps. Un phénomène d'anticipation bizarre qui n'était d'ailleurs pas sans conséquence sur les comportements quotidiens des 52 millions de Français. Mais enfin l'échéance semblait passionner le jeune homme. Je n'avais aucun moyen de refuser de répondre.

— Je ne suis pas prophète.

— Personne ne l'est. Mais tout le monde imagine, non ?

Pour bien marquer qu'il venait de poser une question essentielle, mon interlocuteur cala ses pieds sur le dessus de mon bureau entre la base du téléphone et le pied de la lampe. Une position qui indique à la fois — à mon avis — un mélange de résolution et de mollesse.

— Vous me permettrez de ne pas anticiper. Ce n'est pas une attitude intellectuelle sérieuse. Je suis cependant à votre disposition pour vous décrire ce qui se passe dans les têtes aujourd'hui. Bien entendu il ne s'agira que d'une opinion personnelle. Dans le domaine de la psychologie des masses, nous ne possédons aucun élément réellement quantifiable, mis à part les sondages qui ne sont pas une explication mais des séries de photographies.

— Je vous écoute.

— Disons que les Français viennent de franchir le miroir d'Alice. Ils ont pénétré dans le Pays des Merveilles. Ils rêvent et ils matérialisent leurs songes. Je vais vous donner des exemples simples : ils se déclarent hostiles à ce que l'on a nommé par dérision société de consommation ; mais ils veulent gagner plus, travailler moins, être délivrés de la peur du chômage et prendre davantage de vacances. Bref, ils sont contre la société de consommation et ils exigent qu'elle se développe. En vérité, leur vision de ce qu'ils nomment le socialisme, c'est exactement cela. Or, ce n'est pas exactement le socialisme, tel qu'on le trouve dans les bibles marxistes. Toute l'astuce de la gauche est de rassembler dans un même élan un bouquet de désirs radicalement contradictoires. Promettre aux gens qu'on va changer la vie, c'est une assez jolie imposture. La vie ne change que très lentement, et au prix d'efforts immenses, étendus sur des siècles. On peut l'améliorer, ce qui est très différent. Mais rien de plus. Or tout se passe comme si le changement devait être radical. Voulez-vous une histoire ? Aux dernières élections municipales, une mairie importante est conquise par un jeune socialiste. Il s'installe, entrouvre les dossiers. A ce moment, l'huissier rentre et le prévient qu'il y a cinq personnes en bas de l'escalier qui souhaitent être reçues par lui. A tout hasard il accepte. Cinq types entrent, chapeau à la main, un peu timides et disent : « Bonjour, monsieur le maire. Nous sommes chômeurs et puisque la gauche a gagné nous venons prendre notre travail. »

Les types ne rigolaient pas. Ils croyaient sérieusement que le maire allait leur donner une adresse. Or le nouveau maire n'avait aucun moyen. Alors il s'en est tiré par une astuce. Il a dit qu'il ne pouvait rien faire avant les législatives, qu'il fallait d'abord conquérir Paris. Les autres l'ont écouté poliment, ont paru comprendre. Et sont repartis. Ils reviendront en mars.

— Qu'est-ce qui vous paraît dangereux là-dedans ?

— De jouer avec l'espoir. C'est un explosif.

— Mais peut-être cet espoir a-t-il un sens. Après tout, si les gens qui nous gouvernent avaient empêché le chômage, les cinq types ne seraient pas venus rendre visite au maire. Ils n'ont donc rien à perdre.

— Soyons sérieux voulez-vous ? Lorsque se déclenche une crise économique mondiale, il y a partout du chômage. Plus ou moins camouflé. Ce qui est dangereux c'est de faire croire aux Français qu'un bulletin dans une urne va changer la nature des choses.

— Qu'est-ce qui vous permet d'être aussi affirmatif ?

— L'histoire.

— Elle ne se répète pas toujours.

— Elle ne recommence même jamais. Mais le nombre des «possibles», en histoire, est limité. Cette proposition-là, croyez-moi, est certaine.

— Je ne suis pas décidé à vous croire sur parole. Toute l'hypothèse de la gauche française actuelle repose sur le postulat inverse. Dans leur masse, socialistes et communistes estiment qu'il est désormais possible d'inventer un type d'organisation politico-économique qui évite l'ennui de la Social-démocratie et la tragédie de la Russie, du Cambodge ou des démocraties populaires.

— Chaque fois qu'en politique on me parle d'une troisième voie, je bâille. Les troisièmes voies n'existent pas. Je sais bien que les Français sont convaincus d'être plus malins que les autres, ce qui est tout à fait inexact. Mais enfin, depuis que le socialisme est en chantier d'un bout à l'autre de la planète, il est probable que s'il avait existé un système intermédiaire nous l'aurions vu poindre ici ou là.

— Pourtant il existe *des* socialismes. La Yougoslavie a inventé une forme d'autogestion, la Suède le système le plus égalitaire du monde, l'Allemagne, la cogestion généralisée. Pourquoi serait-il impossible, en tenant compte de toutes ces expériences, de les regrouper en une seule gerbe, d'esquisser un vrai modèle ? Voilà pourquoi vous êtes profondément un conservateur. Vous ne croyez pas à l'émergence du nouveau ?

— Vous devenez rigolo. Je vous rappelle un peu bêtement que deux et deux font quatre. Vous m'accusez immédiatement de n'être qu'une épave, parce que je refuse la possibilité que deux et deux fassent sept, quatorze ou l'infini. Faites excuse : deux et deux ont toujours fait, font et feront quatre. J'entends votre riposte : la logique d'évolution des sociétés n'est pas mathématique. Faux. Encore une fois le nombre des possibles susceptibles de surgir d'une situation déterminée compte tenu de tous les éléments qui la constituent, est extrêmement limité. Je vais vous dire ma plus grande crainte. La voilà : le jour où des hommes aidés d'ordinateurs seront capables d'intégrer tous les éléments d'une situation politique (c'est-à-dire économiques, financiers, sociaux, stratégiques, etc.), je crains qu'ils ne découvrent qu'une seule voie possible au moins dans le domaine économique. Même pas deux. Mais je me garderai de prolonger le débat sur ce point. Cela risquerait de nous entraîner trop loin. Venons plutôt à vos exemples. Avouez qu'il s'agit d'une vraie salade. La Yougoslavie par exemple et son autogestion ; puis-je me permettre de vous rappeler qu'il s'agit d'une démocratie populaire ? Différente des autres certes dans la mesure où elle a pris ses distances vis-à-vis de l'Union soviétique et où elle dispose d'une frontière ouverte sur l'ouest du monde. Mais son système politique intérieur ressemble beaucoup à ceux de la Pologne, de la Hongrie, de la Tchécoslovaquie. C'est dire que l'autogestion n'a de sens que parce que chaque entreprise est contrôlée par la Ligue des Communistes. Bref il n'y a pas d'autogestion dans le sens que donnent à ce mot, avec un flou merveilleux, les dirigeants de la C.F.D.T.

Soyons sérieux, cherchons ailleurs. En Suède et en Allemagne de l'Ouest, dites-vous. Je vous suis tout à fait. Mais dans l'un et l'autre cas, nous sommes en pleine social-démocratie. C'est-à-dire l'utilisation de différents systèmes tendant à l'égalisation des revenus et à la participation des travailleurs à la vie des entreprises ; mais ne l'oubliez pas, sur fond d'économie de marché. Or l'économie de marché, c'est cette chose horrible, qu'on appelle le capitalisme. Donc la Suède et l'Allemagne n'ont jamais touché à l'essentiel. Dieu merci pour elles.

— Au fond j'admets l'irréalisme de cette fameuse troisième voie entre le communisme et le socialisme. C'est un discours, rien de plus...

Tiens ! Mon interlocuteur commençait à avoir une opinion. Je demeurais méfiant. Ce devait être un piège.

— ... Et il est bien possible que les Français pensent en gros comme moi. Peut-être, souhaitent-ils simplement une social-démocratie relativement audacieuse.

— C'est bien possible. Mais c'est à mon tour de vous poser une question. Où avez-vous lu que le Parti communiste français s'était rallié à la social-démocratie ?

En fait j'étais tout à fait incapable de savoir ce que pensait mon interlocuteur. Peut-être se posait-il vraiment ces questions-là ; peut-être me faisait-il passer un examen. En tout cas il avait vaguement l'air de s'amuser. Soit qu'il fût de mon avis ; soit l'inverse. En ce cas il mesurait simplement à quel point j'étais irrécupérable.

— Les communistes ne sont pas devenus des sociaux-démocrates, je vous l'accorde. Mais ils ont beaucoup évolué. Peut-être sont-ils en train, sans le savoir, de franchir la ligne cachée, qui sépare l'ancien modèle bolchévique du modèle social-démocrate.

— Je vous ai dit que nous étions entrés dans le pays d'Alice. Nous rêvons. J'ai présenté votre suggestion, votre hypothèse, à l'un des dirigeants communistes de la Pologne actuelle. Il m'a demandé quelle était à mon avis la différence entre la « dictature du prolétariat » et le « rôle prééminent de la classe ouvrière ». Je suis resté silencieux. Il a souri et conclu : « Voyez. Il n'y a en réalité rien de changé. » C'était clair et net.

— Pourquoi vous a-t-il fait cette confidence ?

— D'abord ce n'était pas une confidence, c'était un raisonnement de bon sens. Ensuite, peut-être avait-il envie de me faire comprendre à quel point il était sceptique sur le Printemps français de 78. Je pense même qu'il était vaguement inquiet et qu'il se rassurait en se frottant les yeux : il lui semblait impossible, impensable qu'un pays comme la France se jette volontairement, librement, heureusement dans une aventure aussi folle.

— Si vous avez raison, le choc entre communistes et socialistes est inévitable...

— Franchement, il n'y a pas un seul Français qui en doute.

— Mais en ce cas pourquoi vont-ils voter pour la gauche ?

— D'abord je n'ai pas dit qu'ils allaient voter pour la gauche. Je n'ai pas dit l'inverse non plus. J'ai même précisé que je n'aimais guère les prophéties. Mais je vous suggère une autre formulation de votre question : « Pourquoi tant de Français se déclarent-ils aujourd'hui décidés à voter à gauche en mars 78 ? »

La réponse n'est pas très compliquée. D'abord ils

sont déçus par les gouvernements actuels qui manquent un peu d'allure. Giscard dérive sur un nuage (Mitterrand aussi à sa manière. Ils vont bien finir par se croiser aux environs de la lune. Hélas ! nous sommes sur terre). Chirac fait beaucoup de bruit, Barre paraît gentil, Ponia est au fond d'une trappe et Soisson a l'air d'un roseau qui pense peu. Bref nos capitaines manquent d'allure. Les Français ont envie d'essayer d'autres têtes. C'est compréhensible.

Autre raison. Nos concitoyens sont convaincus, contrairement à ce que nous avons l'un et l'autre dit tout à l'heure, que l'histoire se répète. Ils savent qu'il y aura affrontement entre socialistes et communistes. La belle affaire ! « Ce sont toujours les socialistes qui gagnent », pensent-ils. Ils ont gagné en 36, en 45, en 47, en 49. Ils gagneront bien en 78 ou en 79. M. Mitterrand boutera M. Marchais hors de l'arène. M. Marchais poussera un gros soupir et dira à tout son monde de reprendre pour vingt ans ses quartiers d'hiver...

— Il est vrai que tout cela semble bizarre...

— Poursuivons le raisonnement implicite du Français moyen. Bien entendu, estime-t-il, ces secousses politiques n'amélioreront pas la situation économique. Mais des avantages sociaux auront été conquis par les travailleurs et ils les garderont. L'équivalent des congés payés en 36 et de la Sécurité sociale au lendemain de la Libération. Après cette période agitée, un arrangement aura lieu entre les socialistes et de nouveaux partis du centre. Fin de scénario. Et début de la VIe République.

— Et ça vous paraît idiot ?

— Pas idiot. Inexact. L'hypothèse de base c'est

que l'Union de la gauche est composée d'un Parti communiste et d'un Parti social-démocrate. Or ce n'est plus vrai. Le Parti communiste y est bien. Le Parti social-démocrate n'y est plus...

— Tiens donc !

— Votre réaction est intéressante. Jusqu'ici vous m'avez suivi sans trop de difficulté. Au fond vous étiez à peu près de mon avis. Là, vous sursautez. Pourquoi ? Parce que vous raisonnez en électeur. Au niveau de ceux-ci, la distinction que nous venons de mentionner existe. D'un côté un petit noyau d'électeurs communistes conscients, comme on dit (c'est-à-dire bien moins nombreux que l'ensemble d'électeurs du Parti communiste), de l'autre une masse immense qui est plus ou moins social-démocrate. Mais il ne s'agit pas ici des électeurs, il s'agit des partis.

Or le Parti socialiste qu'a bricolé François Mitterrand n'a plus grand-chose à voir avec celui de 1936. C'est un parti jeune, idéologique, qui croit à l'existence d'une voie révolutionnaire nouvelle. Il est marqué par les mythes du Printemps de Prague, de l'expérience Allende. Il connaît d'ailleurs mal l'histoire de ces deux drames. Il est plein d'hommes sympathiques qui compensent leur inexpérience politique par une inlassable soif idéologique. Je dirais que la plupart de ceux qui proviennent de l'ancien P.S.U., ou des milieux chrétiens, ou du C.E.R.E.S. sont décidés à pousser loin l'expérience.

— Vous pensez que des gens comme Mitterrand, Defferre, Rocard, Mauroy, Hernu, etc., veulent réellement créer une situation révolutionnaire ?

— Pas le moins du monde. Mais ils auront bien du mal à demeurer les maîtres du jeu. La bataille contre eux à l'intérieur du Parti socialiste est déjà commencée. Elle se déroule sous les yeux des Français et ils font semblant de ne pas voir. J'ajoute un dernier élément. En 1936 le Parti socialiste contrôlait en gros la C.G.T. Aujourd'hui elle est entre les mains du P.C. Et la C.F.D.T. soutiendra la gauche du P.S. Donc la bataille ne sera pas entre les communistes et les socialistes, elle sera dans un premier temps entre les communistes, la C.G.T., la C.F.D.T., une fraction du Parti socialiste d'une part, les dirigeants du P.S. d'autre part.

Je m'écoutais et je m'ennuyais moi-même. Tout ce que je disais me paraissait évident. Et je me réservai de revenir ailleurs sur ce problème de fond. Mais l'époque était-elle encore aux évidences rationnelles ? Encore une fois nous dérivions dans l'imaginaire. Que peut la raison contre le rêve ?

— Pourtant les Français ont envie de tenter le coup. Au fond, ils ont probablement moins réfléchi que vous, mais ils sentent ce que vous dites. Je pense que ce n'est pas de nature à les arrêter. Pourquoi ?

— Je vais vous étonner. Leur optimisme est explicable. Et cela pour une raison simple. Je vous ai décrit les partis. Mais les Français se moquent des partis et pensent qu'en définitive les hommes politiques et les militants finissent toujours par s'incliner devant la volonté des électeurs. Or ces bons électeurs se moquent du C.E.R.E.S., des conspirations entre les Fédérations de Paris du P.C. et du P.S. Ils ont la conviction de pouvoir intervenir d'une manière ou d'une autre si les esprits deviennent fous au sommet de l'État. Ils ont leur réseau de défense, nos concitoyens : les salaires, les temps de vacances, la voiture, leur petit patrimoine, le niveau de la fiscalité. Qui touche à cela est un homme mort. Les Français ont donc le sentiment qu'ils tiendront le gouvernement de gauche en résidence surveillée. Voilà pourquoi, comme vous le dites, ils pressentent le danger et ils choisissent de passer outre.

— Où est la faute de raisonnement ?

— Pour le moment il n'y en a pas. Si l'accord entre les socialistes et les communistes était un simple accord électoral le pari serait dangereux mais jouable. Malheureusement vous oubliez quelque chose.

— Quoi ?

— Le Programme commun. C'est ce petit livre qui atomise littéralement toute possibilité d'optimisme. Je m'en expliquerai ailleurs. Une seule remarque pour le moment : l'essentiel du Programme commun peut être voté en une séance de l'Assemblée. Je dis bien une séance. L'essentiel, qu'est-ce ? l'augmentation des salaires, le blocage des prix pour un an, la nationalisation du crédit, et toutes les autres nationalisations. Une Assemblée qui vient de se réunir pour la première fois dans une ambiance de victoire, une assemblée observée par toutes les télévisions du monde, ne voudra pas avoir l'air d'hésiter : elle votera tout, d'un coup, pour entrer debout dans l'histoire, pour donner une leçon de révolution aux Russes et aux Chinois. N'oubliez jamais que la politique est un spectacle, et que les acteurs se grisent.

— Je vous suis mal. Lorsqu'ils auront voté tout cela, qu'est-ce que cela changera ?

— Pas mal de choses. Le Programme commun

est un bout de papier dont l'histoire est pleine d'humour. Lorsque socialistes et communistes le discutent en 71-72, c'est un exercice d'école. Pour Alain Savary qui dirige l'opération avant que Mitterrand ne devienne maître du Parti socialiste, c'est un exercice de réflexion en commun avec les communistes. Presque un travail de club. On joue avec des mots. Et puis François Mitterrand empoche à Épinay le Parti socialiste. Il n'est pas tellement fixé à la veille du congrès sur la ligne qu'il devra suivre. Ce n'est pas un obnubilé de la déontologie communiste. Son objection à l'époque est de faire dégringoler l'équipe de Guy Mollet. Personne n'y est parvenu depuis des années. Lui, Mitterrand, y parviendra. Pour cela il arrange à l'avance l'alliance entre la droite style Defferre et la gauche qui vient d'apparaître. Mollet tombera. Pour la suite Mitterrand verra bien.

— Mais c'est durant ce congrès que la décision de faire un accord à gauche est prise?

— Indiscutablement. Mitterrand a la révélation de la tendance profonde du congrès en constatant — lorsque la salle applaudit les invités extérieurs — que ce sont deux maires communistes du voisinage qui recueillent à l'applaudimètre un triomphe. Mitterrand est un homme qui *sent* une salle. Puisque le congrès est à gauche il sera à gauche. C'est le prix à payer. Il n'hésite pas.

— Vous inventez. Qui vous a raconté l'histoire de cette manière?

— Devinez...

— J'imagine. Mais c'est le genre de choses qu'on ne répète pas...

— Pourquoi non, d'autant plus que tout le monde s'en moque maintenant. Mitterrand depuis cette date a changé. C'est son droit. En tout cas, le Programme commun, qu'il trouve à ce moment-là à moitié fait, l'embête beaucoup. Il préférerait, et de loin, un simple accord électoral. Mais ce qui est fait est fait. Il a le sentiment que plus les discussions se prolongeront, plus les communistes réussiront à alourdir l'accord. Mitterrand accélère les négociations et signe le plus vite possible. En un mot il achète le moins cher possible. Ça lui est parfaitement égal. Écoutez-moi bien : le Programme commun dans l'esprit de personne à l'époque n'est destiné à être appliqué. C'est un papier attrape-mouches, attrape-voix. Il s'agit de récupérer des électeurs pour une gauche qui en a bien besoin, et qui ne croit guère au succès. Nous sommes encore dans la période dont Peyrefitte disait : « Si nous ne faisons pas d'erreurs graves, nous resterons au pouvoir jusqu'en l'an 2000. » La majorité pense cela, la gauche tout autant. Donc le Programme commun est le produit d'un jeu politique complexe. Son contenu est considéré en 1972 comme relativement secondaire.

Économiquement d'ailleurs le projet est incohérent. Augmenter de 15 p. 100 les salaires et bloquer les prix, ce n'est pas très sérieux. Prétendre en même temps que l'on maintiendra l'inflation au-dessous de deux chiffres, comme l'a dit Georges Marchais devant les patrons, cela frise la loufoquerie intellectuelle. Il est évident que les salaires seront augmentés, que la consommation repartira brutalement, que les prix de revient monteront d'un coup, que l'ensemble des secteurs industriels qui vivent de l'exportation se trouveront en difficulté en quelques mois. Ou bien ils déposeront leur bilan — et nous aurons des centaines de milliers de chômeurs en plus — ou bien ils se tourneront vers le gouvernement et lui demanderont de boucher les trous. Pour éviter une extension foudroyante du chômage, le gouvernement paiera. L'inflation atteindra 20 à 25 p. 100. Nous filerons vers la catastrophe ou la gauche réinventera un nouveau plan de stabilisation. Que fera la C.G.T. à ce moment-là? Tout cela est inscrit noir sur blanc dans les mesures de base du Programme commun.

— Les communistes affirment qu'ils retrouveront de l'argent en diminuant le gaspillage et en taxant les grosses entreprises...

— Tout cela fait partie du rêve communiste. Ils croient vaguement qu'il existe un trésor caché. Ils vont le trouver et ils paieront tous les déficits avec cela. Notez bien qu'il existe en effet un trésor caché : ce sont les patrimoines, les petits patrimoines des millions de Français. Pas ceux des riches : ils ne sont pas assez nombreux. Ceux des Français moyens. Mais encore une fois, je vous affirme que personne ne pourra y toucher, à moins de changer non pas de société mais de régime. Nous entrerions là dans une situation révolutionnaire. Et c'est là où le Programme commun, ce texte bâclé, devient très intelligent.

— Je ne comprends plus très bien...

— Mais tout simplement, parce qu'étant inopérant économiquement et débouchant *ipso facto* sur une impasse, il déclenchera l'épreuve de force entre communistes et socialistes, très vite et à un moment où les communistes seront largement les maîtres du jeu. Ou bien Mitterrand deviendra Soares, et il engagera une lutte implacable contre le P.C. ; ou bien il se laissera entraîner et il ne sera plus rien.

— Vous ne parlez même pas de l'hypothèse d'un Giscard d'Estaing président de la République dissolvant l'Assemblée.

— Nous entrons dans une période à demi révolutionnaire et vous me parlez de constitution. C'est une farce. Les périodes d'illusion lyrique ont leur logique propre. Aucune mesure juridique n'est à ce moment réellement efficace. Les assemblées élues proclament qu'elles sont là par la volonté du peuple et qu'elles ne se dissoudront pas grâce à quelque sortilège Élyséen. La plupart des Français sont convaincus qu'il y a en France un rêveur : le président de la République M. Giscard d'Estaing. Je prétends qu'il y en a deux : Giscard et Mitterrand. Ils ne seront pas exactement emportés au même moment. Mais ils risquent d'être emportés tous les deux. A moins que Mitterrand ne fasse un virage à 180 degrés. Il en est capable. Mais avouez que nous allons nous offrir une période exceptionnelle pour le plaisir de nous donner des sensations.

— Comment en sortirons-nous ?

— Je n'en sais rien. Et c'est bien pour cela que j'avais essayé de ne pas parler politique dans tout ce qui précède. Je m'en étais tenu à des règles morales. Parce que ce sont elles qui en définitive emporteront la décision. Il arrivera un moment où le jeu ne sera plus économique, à peine politique. Il sera un affrontement de résolutions intérieures. Et c'est pourquoi la barrière des générations n'aura bientôt plus aucune importance. Les somptueux dialogues entre gens de vingt ans et gens de cinquante ans sont des luxes à usage de période tranquille. On joue à la guerre des âges faute de mieux. On va nous offrir une guerre des têtes, ce qui est déjà beaucoup plus excitant. Lorsque le ciel se couvre, que le vent se lève, les dates de naissance ne comptent plus guère. Vous allez voir les gens changer de conviction comme on change de costume. Cela sera assez pitoyable et relativement distrayant.

— Au fond, vous auriez à la rigueur accepté une expérience de gauche, mais vous refusez radicalement le Programme commun.

— Exact. Et cela suffit pour me déterminer.

Il s'est levé ; il s'est mis à arpenter le bureau, il est allé secouer sa bouffarde sur le balcon ; puis il est venu se planter en face de moi :

— Supposez que je sois de votre avis. Supposez que nous soyons des centaines de milliers de jeunes de votre avis. Que faut-il faire ?

— Dire non à cette forme nouvelle de la démission de l'esprit. Le reste vous sera donné par surcroît.

Table

Composition réalisée par COMPOFAC - PARIS.

IMPRIMÉ EN FRANCE PAR BRODARD ET TAUPIN
7, bd Romain-Rolland - Montrouge - Usine de La Flèche.
LE LIVRE DE POCHE - 12 rue François 1er - Paris.

ISBN : 2 - 253 - 02284 - 5 30/5293/3